中国体育学文库

┃体育人文社会学┃

中国篮球的集体记忆

中国篮球杰出人物口述历史（一）

刘欣　孟滢　撰

北京体育大学出版社

策划编辑 孙宇辉 陆继萍
责任编辑 陆继萍
责任校对 刘艺璇
版式设计 中联华文

图书在版编目（CIP）数据

中国篮球的集体记忆：中国篮球杰出人物口述历史 .
一/刘欣，孟滢撰 . --北京：北京体育大学出版社，
2025. 1. --ISBN 978-7-5644-4253-8

Ⅰ . K825.47

中国国家版本馆 CIP 数据核字第 2025FA9667 号

中国篮球的集体记忆 中国篮球杰出人物口述历史（一） 刘欣 孟滢 撰
ZHONGGUO LANQIU DE JITI JIYI ZHONGGUO LANQIU JIECHU RENWU
KOUSHU LISHI（YI）

出版发行：北京体育大学出版社
地 址：北京市海淀区农大南路 1 号院 2 号楼 2 层办公 B-212
邮 编：100084
网 址：http：//cbs. bsu. edu. cn
发 行 部：010-62989320
邮 购 部：北京体育大学出版社读者服务部 010-62989432
印 刷：河北鸿运腾达印刷有限公司
开 本：710 mm × 1000 mm 1/16
成品尺寸：170 mm × 240 mm
印 张：11. 75
字 数：151 千字
版 次：2025 年 1 月第 1 版
印 次：2025 年 1 月第 1 次印刷
定 价：85. 00 元

前言

党的十八大以来，习近平总书记发表了一系列关于体育工作的重要论述，提出要大力弘扬中华体育精神，加快建设体育强国。2023 年习近平文化思想的提出，进一步指明了体育文化工作的方向，为繁荣体育文化提供了根本遵循。践行体育强国战略，积极探索新时代体育文化建设路径，推动新时代体育文化高质量发展，是体育文化工作者肩负的责任和使命。

体育文化有其自身的发展规律，做大做强体育文化需要体育文化工作者充分把握其丰富内涵和时代特征，顺应时代要求，找到有效路径和有力抓手，创造文化产品，传播体育精神。口述历史是有声音、有温度的历史，体育口述历史借访谈的方式，以口述的形式追忆历史，以口语化的形式表述历史，以口述者的经验与学识评述历史，让读者从中了解历史、感悟历史、透视历史，传承历史与其承载的文化。作为聚集正能量的独特载体，体育口述历史在体育文化建设中的优势得天独厚，其作用不可替代。

天津体育学院高度重视体育文化建设，于 2019 年成立了中国体育口述历史研究中心，著名作家、文化学者冯骥才先生亲笔为中心题名。中心致力于挖掘个体化体育记忆，并进行整理、保存、研究以及传播与交流，以独特的方式留下时代体育印记，书写"活"的体育历史。

纵观中国体育文化史，篮球运动自 1895 年传入天津后，在中国大地上遍地开花，发展至今。在中国篮球运动的发展历程中，一代代篮球人为之奋斗，贡献了自己的力量。1999年，经国家体育总局批准，中国篮球协会于中华人民共和国成立50周年之际举办评选"新中国篮球运动五十杰"活动，50位篮球人物获得"新中国篮球运动杰出贡献奖"。这一活动旨在褒奖曾经在中国篮球发展的各个时期，为篮球事业做出突出贡献的运动员、教练员、裁判员等，以推动篮球事业的发展。2019年，中国篮球博物馆和名人堂项目落地天津，中国的篮球文化建设翻开新的一页。借此东风，天津体育学院中国体育口述历史研究中心于2020年开展了篮球人口述历史项目，邀请获得"新中国篮球运动杰出贡献奖"的人物和其他篮球名宿口述自己的篮球生涯，以个人经历记录篮球历史，诠释篮球文化。

在项目策划、设计到付诸实施的过程中，种种困难不期而至，特别是新型冠状病毒感染疫情严重影响了项目进度。为此，项目组想尽各种办法，积极联络受访人，努力推进项目进程。刘欣完成了王家桢、田文惠、匡鲁彬、胡利德（1937—2023）（排名不分先后，以姓氏笔画为序）四位篮球名宿的口述历史访谈和撰写工作；孟滢完成了王立彬、田国庭（1942—2022）、李方膺、钟添发、高才兴（排名不分先后，以姓氏笔画为序）五位篮球名宿的口述历史访谈和撰写工作；韩涛、刘庆凯完成了摄影、摄像工作；学生李晓玉、孟涛、杜晨晨作为访谈助理，出色地完成了本职工作。本项目有赖于天津体育学院校领导的大力支持和鼓励，在天津体育学院体育文化学院院领导的组织安排下，我们于2022年完成了第一阶段的所有工作。本书付梓获得了天津体育学院的经费资助和各位受访人士的积极配合，在此一并感谢！

2013年8月31日，习近平总书记在沈阳会见全国群众体育先进单位、先进个人代表和全国体育系统先进集体、先进工作者代表时强调，广大体育工作者在长期实践中总结出的以"为国争光、无私奉献、科学求实、遵纪守法、团结协作、顽强拼搏"为主要内容的中华体育精神来之不易，弥足珍贵，要继承创新、发扬光大。天津体育学院中国体育口述历史研究中心以此为宗旨，奋发不辍，为体育事业的蓬勃发展、体育文化建设的加速推进、体育强国战略的深入实施倾尽绵力！

天津体育学院中国体育口述历史研究中心

2024 年 6 月

关于文风和简称使用情况的说明

　　本书是一部口述历史类型的著作，每位受访者以自述的形式讲述其篮球人生。行文上，我们遵循口述历史的语言表述风格，尊重受访者语言文字表述的口语化特征。同时，在不影响表述准确性的前提下，文中出现相关机构名称、团体名称、体育赛事名称时，沿用了常见于各种新闻报道的、为公众所熟悉的、业内约定俗成的简称，或者受访者习惯使用的简称，而没有硬性统一为规范但生僻的全称，以避免影响行文的整体风格。在每位受访者的简介部分出现上述名称时，则使用了规范的全称，以便读者精准地了解每位受访者生平中的重要事件。特此说明。

撰稿人　刘欣　孟滢

2024 年 6 月

目录
CONTENTS

王家桢的篮球故事

王家桢，男，1938 年出生于天津市。1956
年进入天津市男子篮球队，1959 年进入国家男子
篮球队，1965 年退役。1965—1990 年从事教练
员工作。1990—1998 年任职于天津市体育工作大
队，先后担任训练科科长、天津市体育运动学校
校长等职务。

王家桢

访谈时间：2020 年 7 月 29 日
访谈地点：天津体育学院
受 访 者：王家桢
访 谈 者：刘 欣
撰 稿 人：刘 欣

王家桢（中间）与访谈人员合影

一、小皮球的快乐与烦恼

1938 年农历腊月初三，我出生在天津市西北角回民居住区——小伙巷牛圈街 14 号。给我取名的时候，家里人查了《康熙字典》，选了"桢"字。"桢"指一种宝贵的树木，说明家里人把我看成宝贝，希望我将来好好读书，当个科学家。谁也没想到我走上了打篮球这条路。

上小学一年级时我学习很好，班主任给我的操行评语是"天真"，等到二年级就不一样了，操行评语变成了"贪玩"。说我贪玩，主要是因为我喜好运动，尤其爱打小皮球。

小皮球是当时非常流行的一种儿童游戏，人数不定，参与者被分成两队比赛。墙上有一个粉笔画的圆圈，把球投进圈内即得分。后来游戏有所改进，参与者将铁丝弯一个圆圈当篮圈用。当时天津的小皮球队很多，我跟这些队都交过手，从天穆村到劝业场，能去的地方我都打遍了。

小皮球无固定规则，比赛双方会根据场地的大小、形状等条件临时制定。我个子高，身体条件比较突出，在我打球时，对方总是给我规定两条不许：一是不许低手投篮，因为我身高臂长，罚球时手往前一伸，就离篮筐很近了；二是不许从上往下投，因为这样容易弄坏篮筐。

记得我们队曾接到请帖到天穆村打小皮球，那是我水平最高的时候，我跟队友共 6 个人组成伊友队，一打就是一天，当地爱好打小皮球的人还给我们准备午饭——馅儿团子、棒子面粥等，特别好吃。在那么多队伍中，我们队拿了第二名，高兴之余打小皮球的兴趣就更浓了。当时我们用的是"永"字牌小皮球，是最高档的。

打小皮球虽然让我快乐，却也给我带来了遗憾。因为打小皮球，我没能戴上红领巾，这是我一生的遗憾。我小学的班主任温克勤老师最反对我打小皮球，她认为打小皮球就是不好好学习、贪玩，打小皮球过程中有时还会发生打碎玻璃、损坏桌椅、砸到同学等问题。那个时候我很想加入中国少年先锋队，但就是因为打小皮球，温老师不同意我入队。有一次因为打小皮球我被请了家长，温老师在我家长面前公开跟我讲："王家桢，我告诉你，你一天不停止打小皮球，我就一天不批准你入队。"一至六年级她都是我的班主任。因为一直坚持打小皮球，所以很遗憾，我从来没戴过红领巾，没入过队，这也成为我一生都念念不忘的遗憾。有意思的是，2003年我65岁，得知我的班主任还健在，她已经95岁了，住在北京牛街，我非常高兴，立马去看望她，交谈中提起这些往事，她仍然说："王家桢，反对你打小皮球我至今不悔。你今天问我，我还是愿意你好好学习，不同意你打小皮球，即使你后来成了国家队队员，成了运动健将，我也不支持你。"没想到半个世纪过去了，温老师还是这个主张。

在家里，因为打小皮球，我没少挨母亲的打。不为别的，只是因为打小皮球费鞋。我家当时生活条件不好，父亲是有轨电车的司机，母亲是家庭妇女，没有工作，我们兄弟姐妹一共7个人。父亲每月工资45元，养活一家九口，比较困难。打小皮球太费鞋了，我基本上一个月就穿坏一双鞋，有时打一整天小皮球鞋就破了。我身材高，脚大，买不到合适的鞋，母亲只能给我做，辛苦一个月才能做完一双，每月都要给我做新鞋，母亲觉得又费钱又辛苦，所以反对我去打小皮球。我背着母亲去打小皮球，一旦被她发现，她就气呼呼地捶我几下，特别是看到鞋破了，我光着脚回来，她就更生气了，拿起笤帚疙瘩揍我一顿。每次挨打我都站在原地不动，任由她打，我知道家里条件差，心里也有愧疚之感。后来为了省鞋，我就光着脚打小皮球了。

二、打篮球的稚嫩少年

打小皮球为我打篮球奠定了很好的基础，在打篮球这件事上，我的领路人是小学的体育老师张维基和徐怀仁。张维基老师是天津文锦队（汇文中学校长组建的篮球队）队员，徐怀仁老师是天津的篮球一级裁判，他们喜欢打篮球，也愿意带着孩子们打篮球。当时学校有个篮球场，但篮球活动开展得并不是很好，因为校方不支持。

我上小学三年级的时候，张维基老师以天津市八区第九小学的名义组建了一支九友篮球队（由9个人组成），自任教练，队员都是跟我同年级的学生。由于班主任的反对，我不能加入篮球队，只能在街道、庭院等班主任看不到的地方偷偷打球。我那时有了逆反心理，你越不让我打，我偏要去打。

我家北面有好几个篮球场，其中，药王庙篮球场最热闹，好几个篮球队都在那里打篮球，我记得有北方队、天津文锦队等。药王庙篮球场天天都有比赛，周六日比赛就更多了。周围的环境影响着我，可以说是我的篮球启蒙。

特别有意思的是，我刚打篮球时对篮球的认识有限，比较肤浅，我以为球是实心的，担心别人将这么大的球传给我，砸到我、砸伤我怎么办？所以我在接长传球时有些害怕，总会用双手挡一下，等球落到地上反弹后才敢去拿。

打篮球的乐趣有好多，比如篮筐网子50公分（公分指厘米）长，其中，20公分是穗，球进篮筐后，网穗一带球又回来二次进篮，这算得几分呢？这个问题很有意思，当时定的规则是给2分。

1952—1955年我在三十一中读初中，这三年间我用零碎的时间打篮球，在体育场或有篮球场的地方打散球，我们叫自由球，三五成群、自由结合，也打半场三对三等。放学后去占场地，放下书包就打，一打就忘记时间了。我当时的班主任冉继才老师热爱体育，体育老师叫刘子玉，他们组建了一支篮球队，当时我的身高已经超过 1.8 米，我被老师挑选入队，其他队员都是我初三的同年级同学。

我参加的正式比赛应该是 1955 年天津市八区教育局组织的学生比赛，地点在基督教青年会会所①，因场地有限，只有端线没有边线，两边的墙充当了边线。运球时，球触碰边墙弹回来可以接着打，发边线球时一只脚碰墙，一只脚落地。虽然跟现在标准的篮球馆相比，这个场馆很"袖珍"，但在当时已经算作标准场地了。我以前都是在土地或水泥地上打球，到这里能在地板上比赛，我感觉很轻松，体力很充沛，连续打两场都不累。

三、意外的选拔

初中毕业后，1956 年我有幸进了天津市男子篮球队。我是怎么被选上的呢？这还得从时任天津市副市长李耕涛说起。李副市长的工作千头万绪，但是他格外重视篮球，认为篮球是天津市的一个名片。1955年底他下了指示，要求天津市公安局各个派出所普查户口，筛选身高1.9 米以上的男孩和身高 1.8 米以上的女孩，为天津市篮球队选拔后备力量。同时，天津市篮球队也在到处寻找"篮球苗子"。范学周是天津市篮球队的队员，因为伤病退役了，退役后负责寻找青少年运动员。我经常在离家不远的天津市少数民族政治训练班院内的场地打球，因为我是回民，而且有回民教练杨志明在那儿教我，所以我进出院子很方便。

---

① 基督教青年会会所于 1914 年建成，坐落于天津市南开区东马路 94 号，主体建筑是一个篮球馆——中国第一个室内篮球馆。

杨志明跟我是邻居，也是一位兄长，在天津市公安局工作，喜欢打球。范学周就是在那里发现我的，他领我到天津市第一体育场参与选拔。

我没经历过这种场面。有两个一起打球的邻居跟我一起去，一个叫常少奇，一个叫王德明，但他们的身高都不到1.9米，年龄也比我大。我当时不知道是什么选拔，没有准备服装，也没有准备球鞋，结果到那儿以后就被直接带到了办公室。当时我谁都不认识，后来了解到那天办公室里坐着的都是天津市篮球界的顶级人物：体委副主任苏振起、纪裴芳，国际级篮球裁判李清安，河北师范大学教授张长清，耀华中学的体育教师姚恩汉，等等，他们都是天津市篮球界的元老、权威人士。当被告知参加的是天津市篮球队选拔的时候，我仍不知道选拔怎样进行。姚老师走过来跟我说："你下个腰，手能触地吗？""压腿能压下去吗？"我都不费力地做到了。他又问我："你全蹲时臀部能挨着脚后跟吗？"我也能做到。我很奇怪为什么要问这些问题、做这些动作，姚老师说他选的其他队员都住在和平区，他们小时候方便用的是恭桶，下肢做不了这个动作，看到我能做他很高兴。后来姚老师给了我球鞋和服装，让我进篮球场。在100多人中我身高最高，显得鹤立鸡群，但是因为家里条件不好，营养不足，人很瘦，别人都是五大三粗的，很健壮。姚老师问我："你跳起来能摸到篮圈吗？"我说："能！"跳起来手一把就抓住篮圈了，姚老师和教练组的人都很高兴。后面就是做操啊，投篮啊，运球啊，传球啊，等等。

完成这些考核后我们进入了分队比赛，五对五，每10分钟一组，接连上场，一点点筛选。别人都来自青少年体校、学校、工厂、企业、矿山等的篮球队，都是经过篮球系统训练的，比我打得好。但我因为有打小皮球的基础和打篮球的意识、基本功，打起来也比较轻松。来参加选拔的，人人都想被选上，可我不清楚这是天津市篮球队的选拔，反而没有这么迫切的愿望，打起球来没有压力。对抗赛时每个人都想显示球技，各显其能表现自己，结果没人给我传球。10分钟后我该下场了，没想到考官不让我下来，还换上了天津市篮球队原来的老队员，一个是中锋吴振彪，一个是篮球队队长郭恩洪。郭恩洪专门给我喂球，让我展示投篮、运球等技术动作和战术意识。吴振彪身高 1.9 米，比我矮一点，他专门跟我对抗，来考查我的防守和进攻能力，这都是老专家和教练组的安排，我当时并不知道。因为我没有思想负担，反倒打得比较自如。突然间吴振彪在篮下一个勾手，我为防守给他来了个盖帽，打掉了他的球。当时在那个场合出现这个动作让教练组一惊。其实这是我在打小皮球时培养的意识、掌握的技术，从单项上来讲，在当时盖帽是一项高精尖的技术，所以老教练们眼前一亮，认为我的身体条件、技术条件、战术意识都很好。选拔结束后他们告诉我："回家等消息吧。"

不久我就接到通知：到第三医院检查身体。一查身体，就发现一个问题——眼睛近视，左眼 300 度，右眼 800 度。我想这是我个人原因造成的，因为我肯学习、爱看书，《新儿女英雄传》《白毛女》《小二黑结婚》《太阳照在桑干河上》等，还有外国的书我都爱看。我一般躺在屋里借着外边的灯光看，所以把眼睛看坏了。平时没有感觉，这时才知道自己近视。近视的我能不能进篮球队呢？专家们出现了分歧。主教练张栋材反对我进篮球队，有两个原因：第一，眼睛近视；第二，身体太瘦，营养不良。李耕涛副市长不同意他的意见，他认为，近视了，可以戴眼镜打球；而身体瘦是因为营养不良，到运动队后经过锻炼，身体可以健壮起来。就这样，教练组同意我进队成为天津市篮球队的一员。这些情况都是我后来才了解到的，当时根本不知道还有这一番曲折。

我是 1955 年 12 月参加的选拔，1956 年 1 月接到了通知——到天津市篮球队报到。拿到通知后我非常高兴，到天津市篮球队报到，这是我之前从未想过的事情。但是家里人持反对意见，他们还是希望我好好读书，将来当个科学家或者工程师，打篮球算是什么职业呢？我父亲当时拿不定主意，就向同事征求意见。记得他跟郭叔叔说："我儿子被天津市篮球队挑选上了，你看让他去好还是不去好？"郭叔叔说："去呀，为啥不去呢？第一，可以解决他的吃饭问题，篮球队伙食好，也减轻了你的家庭负担（当时我父亲凭45元钱工资养活全家9口人）；第二，他的身体条件，打篮球正合适。"就这样，我父亲被说服了。

离家那天，父母为我准备好行李，姐姐给了我1元钱。我坐上公共汽车来到马场道110号——天津市篮球队驻地报到了。

四、训练第一天

我报到的时间是1956年1月24日下午5点，接待我的第一个人是天津市篮球队的女篮教练，也是原来的男篮队长，他跟我讲的第一句话是："从今天起，从现在起，你就是天津市篮球队的一员了，你知道吗？"突然听到这样的话，我完全没有思想准备，既没说"知道"，也没说"不知道"，只是"哦"了一声。他说的第二句话是："进了篮球队，就要为这支队伍争光，为天津市争光，为国家争光。你要刻苦训练，怎么叫刻苦训练呢？你要汗流成桶———一桶一桶地流汗。"第三句话是："你进篮球队，领导们有不同意见，所以你不能享受我们的工资待遇，只能采用供给制，每月100斤小米。"那时小米的价格是每斤2角5分5厘3，每天的《天津日报》都登有小米的价格。

供给制队员的衣食住行都由国家负责，工资每月25.53元。队里的伙食标准为每人每月45元，我需要自己交12元，所以我还剩13.53元，再给家里10元，我自己留3.53元。虽然我的待遇不能跟正式队员比（正式队员每月拿46元或56元的工资），但是对我来说已经了不得了，我很知足。

在天津市篮球队吃的第一顿饭我至今还记得：西红柿炒鸡蛋、油盖烧茄子。因为我是回民，这些菜是单独给我开灶做的。当天晚上，队长给我送来绒衣绒裤、线衣线裤各两套，内衣四套，球鞋两双，还有袜子，非常齐全。第二天——1月25日，我就开始正式训练了。

天津市篮球队采取军事化管理，很讲制度。早晨6点起床出早操（当时我们没有表，全队只有教练有一块表，队长有一个双铃马蹄表，5:30响铃时他起来叫我们），回来后洗漱、吃早餐，上午训练；中午午餐后午睡，下午继续训练；晚上还有活动，10点熄灯。每周六晚餐后放假，当晚10点前归队，周日休息一天，晚上9点前归队。

入队后第一天参加训练，我印象很深。我从来没经历过那么大运动量的训练，早操的运动量相当于我过去打一天球的运动量。早操时要做操、伸展、单双杠、力量练习，然后跑步。跑步可不是跑几百米，而是从重庆道出去，进河北路，奔马场道，然后绕回来，这一大圈跑下来至少5000米。我从来没跑过这么远，哪受过这个累啊，可这才是一天训练的开始，回来吃完早饭后教练告诉我，8:45开始训练。"又去训练?"我心里想着，嘴里不能说，因为已经入队，就要按要求去做，要"汗流成桶"。"没问题。"我咬着牙回答。上午是身体训练，包括走跑跳、力量训练、灵活性训练、垫上运动等，一直到11:30结束。下午是技术训练，包括篮球技术训练、分队比赛等，到5:30结束。晚饭后还要开会（队里每晚都有活动：星期一开生活检讨会，星期二读报，星期三安排文化娱乐活动，星期四开展业务学习，等等），写训练日记（第二天要交给教练批改）。第一天练下来太累了，我想晚饭后立刻睡觉，会都不想开，因为我已意识到明天的训练强度可能会比今天还大，自己要面对的困难将是前所未有的。

天津市篮球队的训练的确非常艰苦，譬如教练给我安排了单项训练——篮下勾手投篮。投中一百次为一组，要连续投中，中间不能中断。拿球、勾手、打板、投中、入网，左右手轮流投。两个半小时的技术训练就做这一项，困难程度可想而知，我只能咬牙坚持，别无选择。

当时的规定是大病休息，中病看病还要带病训练，小病不叫病。有伤没关系，上肢伤了练下肢，下肢伤了练上肢，四肢都伤了练腰腹。我们队长手腕骨折了，训练时就在民园体育场慢跑，我们练了一上午，他跑了一上午，给我们做了很好的榜样。

那时条件有限，训练场地不固定，经常"打游击"，民园体育场、天津市第一体育场、成都道训练场、中天电机厂的场地我们都去过，哪儿有空闲的场地就去哪儿训练。

五、职业生涯的第一场比赛

我进队后的第一场篮球比赛是在 1956 年 8 月 1 日，为庆祝八一建军节，在天津市第一体育场举办。

当时天津队的米宝荣、刘兆华调到国家队了，没有其他人选，教练就让我担任这场比赛的中锋，这是我第一次代表天津队参加全国高水平比赛。

这场比赛吸引了天津市的广大市民，观众爆满，一票难求。八一队的出场球员和天津队出场的其他四名球员都是队里最强的，唯独我是进队才 7 个月的新手，赛前我就紧张了，怀疑自己打不好，但是没有退路，教练安排我上场，不管怎样我都得拼尽全力去打。最终，我们输了八一队 37 分。赛后一总结，我们的外围并不弱，37 分全都输在我的身上，八一队的中锋范仲禹是一名经验丰富的老队员，在他面前我真是无能为力，防守防不住，进攻打不进。

输球后我心里很害怕也很沮丧，躲在宿舍里不敢出来。大约到晚上 11 点多，李耕涛副市长和他爱人到队里来了，我害怕极了，一方面怕李副市长批评，另一方面怕队里不要我了。没想到李副市长轻松地说："胜败乃兵家常事，我们输球是正常的。我们有实力的队员调到国家队了，能为国家队输送人才是我们的贡献。今天的输是为了明天的赢，你们要好好训练，提高技术，争取今后为国家队输送更多人才。"李副市长还鼓励我说："你要尽快提高水平，刻苦训练，用汗水要成绩，让汗水变成游泳池。"李副市长的一番话启发了我，鼓励了我，我的压力得到了缓解。几天后教练找我谈话，问我参加这场比赛的想法和感受，我就把不安和压力全盘托出，教练听完后明确跟我讲："队里中锋的位置没有别人，你必须勤学苦练提高水平。你进篮球队已经半年了，我要求你一年后要成为天津队的主力队员，三年后你要达到国家队水平。如果你达不到，也就不配做篮球队队员了。"教练的话让我压力很大，我对自己能否达到教练的严格要求心存疑虑。

1957年，天津队接到国家的出访任务，出访印度尼西亚和缅甸，但是我却没有进入出访队员名单，因为我没能达到张栋材教练的要求，此时还不是主力队员。这件事情让我非常苦恼，我恨自己：第一是恨自己两年了还没成为主力；第二是恨自己没有练好，水平不够。于是，我就开始拼命练习，没日没夜地练，记得天津体育学院的郑必达教授跟我说过："人家入睡你练习，你就能提高水平追上别人，达到教练的要求。"

我练得最苦的时候，夏天练完以后，全身上下球鞋和袜子全是湿的，背心一拧哗哗流水。后来就不出汗了，再后来身上起白碱，舌头一舔，是咸味的。究竟出了多少汗我不知道，我的领导、教练都教导我要从汗水中出成绩，所以我一定要多流汗。冬天的时候每天吃完晚饭稍作休息，10点前就睡下了，一觉醒来不管几点，哪怕是夜里2点、3点，我也起来，拿上球，从宿舍窗户跳出来去体育馆训练。当时体育馆的馆长、工作人员都知道，夜里只要有人敲门进来，就是王家桢来练习了。有时练完回宿舍累得上不了楼，我不得不搬着腿上台阶。

六、一场硬仗

当年苏联国家篮球队的水平很高。1957年，苏联派了一支篮球队来中国访问，这支队伍中有好几个苏联国家篮球队的队员，在一定程度上代表了苏联国家篮球队的水平。他们到中国访问，在北京跟我们的国家队、八一队、北京队各打一场比赛，三场球我们不是平局就是输，一场都没赢。

接下来，这支队伍要来天津跟天津队比赛，李耕涛副市长非常重视，亲自主持召开天津队的迎战准备会。参会的是天津市所有的篮球骨干队员，所有有关的人员，大家一起研究这场比赛。最后，拿出了一个方案。

苏联篮球队在天津要连打两场比赛，先女篮后男篮。苏联女篮之前输给了国家队和北京队，赢了八一队。女篮比赛那天，男篮作为观众在看球。当时的体委副主任纪裴芳也在，她很关心男篮，就在中场休息的时候，她把我们召集到一起。为了给我们放松精神，她让我们的队长郭恩洪和队员刘兆华跳一个舞，就是电影《英雄虎胆》里演员王晓棠和于洋跳的摇摆舞。大家哈哈大笑，感觉很有趣儿，精神也随之放松了不少。女篮下半场比赛我们就不看了，要进入竞技状态，因为女篮比赛结束后，马上就是男篮比赛。

男篮比赛的时刻终于到了！李耕涛副市长亲临观战，就坐在我们的教练旁边，黄火青市长坐在主席台上。这是个令我终生难忘的日子——1957年12月26日，体育馆人山人海，外边也有很多人。这场比赛的压力不但给了我们运动队，还给了天津市人民以及篮球爱好者，大家都知道，这场比赛必须得赢。想看比赛的人太多了，大家连夜排队买票，买票队伍围着体育馆绕了好几圈，很多人买不着票。

赛前教练给我们开准备会安排战略战术，李耕涛副市长也在会上讲："精神要放松，充满信心，有始有终，敢打敢拼，一定要把这场比赛拿下来。"

当时上场的是天津队的 5 个主力队员：中锋米宝荣，后卫刘兆华、姜桂明，前锋张春泰、郭恩洪。我作为替补队员，感到很紧张，既要随时准备上场，又觉得可能没有上场机会。

上半场一开局，我们打得很顺利，因为有充分的准备，完全按照赛前部署去打。先说防守，苏联队的 10 号队员是个神投手，说他"神投"，恰如其分，他中远投篮 10 个，不说进 9 个也得进 8 个。教练给我们队长郭恩洪的任务就是死死盯住他，全场领防，没球时跟着他走，有球就上去防守。允许他突破，但不许他投篮。全场 40 分钟比赛，我们队长只有一次漏掉防守给了 10 号队员中距离投篮入网的机会。针对篮下的苏联队员，教练布置了篮下防守，不让他接到球，叫作"逼角、绕前、后保护"。看住沿 45 度角给他喂球的人，不让他接球，让篮下断供。一旦他要接球，防守中锋就要绕到他前面阻挡，后边的人要去保护，防止对方吊球。可以说，教练布置得很严密、很细致，我们执行得一丝不苟。再说进攻，开局头一个开球的中投，竟然是郭恩洪投进的。为什么这么说呢，这里头有个小插曲。郭恩洪中投不准，比赛时总不愿意投篮，他最喜欢的是防守和传球。李副市长曾经批评他有球不投篮，郭恩洪说他投篮没信心。结果这次比赛一开场打球，郭恩洪第一个把球投进了！这个球太让人兴奋了，立即点燃了大家的斗志。随后我们也进攻，对方也进攻，比赛进行到第 10 分钟时，我们 10∶2 领先。太让人高兴了！大家都很兴奋！比赛在继续，全场的领导、观众都很紧张，这场比赛我们承担着巨大的压力。上半场结束时，我们 50∶35 领先。

中场休息 10 分钟，我们去休息室，李副市长和所有的参谋都来了，这场比赛多重要啊！李副市长亲自部署，他说的第一句话是："上半场已经打完了，这页历史翻过去，不许再想了；下半场重新开始，按照原来的计划部署，一丝不苟、按部就班地进行，还要准备应对意想不到的困难。"因为我们处于领先，那些参谋也都讲了自己的意见，不断提醒我们，下半场要做好面对困难的准备，下半场会很艰苦。李副市长对我们的教练说："这些意见都是善意的，最后的临场决定权在你，你是少帅。有了问题，责任在我。"之后，教练认真部署，细致调配，从进攻到防守，从个人到全队，从技战术到所有环节，安排完毕。

下半场开始后，苏联队一直想追上比分，可就是追不上去，越打越急躁；天津队因为领先，心态很好，越打越冷静，加上教练科学的战术安排，队员们越来越沉着。下半场大约进行了 5 分钟，苏联队开始改变战术，变为全场紧逼。这一招儿我们没想到，因为全场紧逼是我们的特点，对手反过来用在我们身上，我们对此还真没有准备。李副市长给我们制定的方针是动、快、巧、准，所以苏联队改为全场紧逼的战术，虽然我们没有思想准备，但是攻破全场紧逼战术的方法很多。我们平时就有这个训练，具备这方面的素养，对手的突然全场紧逼，正好打到我们手里了。一看对手改了战术，我们的教练马上叫了暂停。我听到了教练的布置，破对方的全场紧逼，要单兵切入，1 个人拉开，运球过前场后，4 个人都拉开。不要传球，要运球突破。当时对方防守能力最差的是 9 号队员，动作很缓慢，我们进攻的后卫是刘兆华，他的突破能力很强，运球水平也很高。所以教练要求我们尽量把球交给刘兆华，让刘兆华突破 9 号队员的防守，到了前场，我们的进攻就轻松了。全场紧逼战术并不是苏联队的拿手戏，他们的防守水平大大低于进攻水平，所以他们的这个战术改变并不成功，我们打得还是比较轻松的。反观我们，左右摇摆，前后压拉，突破、分球、中投，非常奏效。所以，越打对方越难受，4 或 5 分的差距一直保持着。

打着打着，中锋米宝荣已有 4 次犯规，这可危险了，5 次犯规就要被罚下。这时离终场结束还有 10 分钟，教练张珍山胆子大，把我换上去了。说实话，对这场比赛我是有思想准备的，因为我是队中一员，承担比赛任务义不容辞。但是作为一名年轻队员，我没想到此刻要把我换上去。我原以为米宝荣被罚下，我才会上场，没想到没等到那会儿，教练就让我上场了。当时容不得多想，我就上去了。教练给我两项任务：第一，全力防守，若外围防守出现漏洞，我要进行补防；第二，抢篮板球，一定要控制篮板球。进攻不用我考虑，外围4个人的进攻，完全有能力把球投进去。我按照教练的要求去打，在比分领先的情况下，恨不得时间快点过去，立刻结束战斗。经过10分钟的坚持，我们最后以90：81拿下比赛，天津队赢了9分。

这场比赛，我们一直领先，从开局到终场，连平局都没出现，打得非常精彩。我们不负众望，赢得了胜利。更厉害的是，赢下比赛后，我们虽然心里高兴得很，却并没有"喜形于色"，表现出"狂喜"的样子，而是显得很正常，让人感到"赢"是理所当然的，一派大国风度。

回到驻地（重庆道100号），我们兴奋极了，偷偷喝酒庆祝。这在平时是绝对不允许的，但是那天教练也网开一面，看到了就当没看到，没有约束我们的"放纵"行为。

七、国家队体验

1958年我被选进国家青年队，跟随队伍到苏联访问（图1）。期间我们受到热情接待，还有个小姑娘给我献花（图2），我印象特别深刻。在比赛和训练中，我的经验不断积累，篮球技术有了很大进步，打球风格逐渐成熟起来。

1959年，八一队、北京队、上海队、天津队四支篮球队在北京体育学院（现为北京体育大学）集训，大约两个半月，集训后期传出消息，集训的目的是选拔国家队队员。有一天在走廊里我碰到了刘二柱，他年龄比我大，是中国第一代工人出身的篮球运动员。刘二柱告诉我：

图1　1958年随中国青年
篮球队赴苏联访问

"小眼镜儿，你起来了！"我不明白，连忙问他："二柱，什么意思？什么起来了？""你选上国家队了。""真的吗？我不知道。"这是我第一次听到这个消息，心里非常高兴，也挺激动。后来就正式下通知了，国家男篮选拔了12名队员，6名来自北京队，他们是钱澄海、杨伯镛、张锡山、白金申、张福奎、王利发；5名来自八一队，他们是蔡集杰、俞元煦、吴自秉、路廉翰、周春霖；唯一一名来自天津队的就是我，教练由陈文彬、张子沛担任。

我非常珍惜加入国家队的机会，也更加热爱篮球。

作为国家队队员，我参加了1960年第1届社会主义国家公安体育组织男子篮球赛①并获得冠军（图3），另外，还参加了1963年社会主义国家友军篮球锦标赛②并获得亚军（图4），还在1959年出访匈牙利、保加利亚，1962年访问缅甸、印度尼西亚。这些经历直到今天想起来我都感到很光荣。

---

① 社会主义国家公安体育组织男子篮球赛始于1960年，是公安体育组织之间的洲际比赛，参赛队为欧亚两洲社会主义国家公安体育组织的代表队。中国公安体育组织的代表队从1960年至1966年共参加了7届比赛，获3次冠军、3次亚军和1次第3名。

② 1963年9月，社会主义国家友军篮球锦标赛在北京举行，参赛的都是参赛国的国家队。该赛事是当时"社会主义阵营"规模最大的一次篮球锦标赛，陈文彬率领中国国家男篮以"八一队"名义参赛，均以大比分战胜了朝鲜、越南、蒙古、罗马尼亚、阿尔巴尼亚、保加利亚、匈牙利、捷克斯洛伐克队。在与苏联队争夺冠军时仅以4分之差获得亚军。

图 2　1958 年中国青年篮球队访问苏联受到欢迎（左一为王家桢）

图 3　参加 1960 年第 1 届社会主义国家公安体育组织男子篮球赛

获得冠军（最后一排左二为王家桢）

图4　参加1963年社会主义国家友军篮球锦标赛获得亚军

（后排左二为王家桢）

在国家队的几年时间很快过去，1965年12月底，国家队"大换血"，只留下身高2米以上的3个大个儿队员张光禄、符瑞德、滕大维，其他9个年龄大一点儿的队员全部退下来了。回到天津后原本组织上安排我当教练，但是我还想继续打篮球，不想结束篮球运动员的生涯，所以我没当教练，当了篮球队队长，继续打球。

八、"盖帽王"的故事

我打小皮球的时候就能盖帽，进专业队选拔时我给专业队的中锋盖过一次帽，这是我技术上的一个特长。"盖帽王"的称呼是在1962年5月中国队对阵苏联队的比赛后获得的。苏联队有个中锋身高2.18米，叫克鲁明，是世界著名球员。我们与苏联队的比赛不仅以 60 : 55 获胜，而且比赛中我还盖了克鲁明一个帽，这个盖帽惊动了全场，也震动了克鲁明本人。赛后交流时克鲁明通过翻译告诉我，"此前的国际比赛上，从未有人能阻挡我把篮球投中，你是世界上第一个能在比赛中给我盖帽的人"。为此，体育报记者谢凯南专程来采访我，写作独家新闻——王家桢谈盖帽，登在体育报上，从此我就有了"盖帽王"的荣誉称号。

之前，我有个"盖帽大王"的称呼，是天津市一位资深记者勾宪真采访我时给我"封"的。之所以叫"盖帽大王"，原因有三：一是我姓"王"；二是我个儿大；三是我掌握了盖帽技术。

在我练习、提高盖帽技术的过程中，得到了很多人的指点和帮助。比如我们称之为"中国篮球之父"的董守义先生，20 世纪 60 年代董先生在国家体委①担任运动司副司长，同时兼管篮球，他经常来看我们训练和比赛。董先生告诉我："你的盖帽不要往下压，不要力量大，要用小臂、手腕、手指去'点'，向外拨，减少犯规的情况。"其他的前辈、教练等许多人都鼓励我把这项技术练好、练精，达到更高水平。所以我也有意识地练习盖帽，希望它成为我的独特招数。

为了更好地掌握盖帽技术，我开动脑筋想了各种办法。比如一次偶然的机会，我捉到一只螳螂，忽然想到可以利用仿生学学习，螳螂捕食的动作跟盖帽的动作有没有联系呢？这值得研究一下。我把螳螂放到宿舍的纱窗上，三天不喂食，饿得它肚子都瘪了。等到第四天，我捉了一只肉虫子，也放在纱窗上。不出所料，饥饿难耐的螳螂立刻就去捕食了，我借机仔细观察螳螂的动作，发现它捕食的时候，大腿、小腿、腹部都下沉，重心很低，但是两只手臂却抬得很高，精神高度集中，两根须子竖起来。在捕捉食物的一刹那，螳螂的动作非常迅猛，不给猎物任

---

① 国家体委，全称为中华人民共和国国家体育运动委员会，成立于 1954 年，1998 年 3 月改组为国家体育总局。

何反应的时间，瞬间爆发，迅速出"手"，一下子就把猎物抓住了。经过反复观察，认真琢磨，我把螳螂捕食的动作要领运用到盖帽技术上，提升了盖帽水平。

当时掌握盖帽技术的人不多，全国可能也就5个人。第一个是八一队的俞元煦，第二个是上海队的周明镐，第三个是沈阳部队队的于庆全，第四个应该就是我，下面比我年龄小的就是上海队的杨家训。其中跟我同在国家队的是俞元煦，他的盖帽技术比我好，盖帽时不挨不蹭，不会犯规。我的盖帽技术在运用中时常有失误，因为用力大，上臂发力，容易犯规。

关于盖帽还有个插曲。有一次国家队来天津比赛，我代表国家队出战，比赛中给天津队上篮的队员盖了个帽，没想到天津的裁判吹我犯规，实际上这个球我没犯规，观众和对方队员都认为我没犯规。这时候有一个老大爷提出来："裁判，你这个犯规吹得不对，我买票就是来看王家桢盖帽的，好容易看到他盖帽，你还吹他犯规。"结果裁判承认了错误，说："大爷，是我的失误，我误判了。"

我的盖帽技术是在训练和比赛中不断提高和成熟起来的。经过不断努力，我才能自如运用盖帽技术，才会在国际赛场上给当时号称"世界第一中锋"的克鲁明盖帽。

九、戴眼镜打球的趣事

运动员中戴眼镜的很少，在我那个年代，中国篮球运动员戴眼镜的，只有八一队的俞元煦和我。俞元煦叫"大眼镜"，我因为比他小，进国家队也比他晚，就被叫作"小眼镜"。

从正式进天津队打球时我就戴上眼镜了（图5），戴眼镜打球有很多困难：一是眼镜容易掉；二是身体容易出汗，汗水一旦流进眼睛就看不清了，影响视野，妨碍观察。我的教练张栋材当年也是戴眼镜的运动员，他球打得好，别人防不住他的时候，经常故意打掉他的眼镜。有了前车之鉴，张教练告诉我要有备用眼镜。所以，每次比赛时我都准备三副眼镜：一副戴着，一副放在包里，一副交给教练保管。

图5　王家桢（右）与队友

有备无患，有一次打球三副眼镜果然都派上用场了。那是在访问古巴期间与古巴队比赛，我戴的眼镜被古巴队队员打掉了，当时我什么也看不清了，满场地找眼镜也找不到。要是没有准备就麻烦了，没法比赛了，可我早有准备，立刻从包里拿出第二副眼镜，戴上继续打。谁承想不久后第二副眼镜又被对手打掉了，这不成心嘛，幸亏还有一副，我毫不犹豫地走向教练，教练从口袋里拿出我的第三副眼镜，我戴着这副眼镜坚持了40分钟，最后把比赛打下来了。

赛后在古巴又配了眼镜，眼镜架是塑料的，比较软。后来有人告诉我，打球时用细绳或橡皮圈从后面把两个镜腿拴起来，箍在头上，眼镜就能固定住，不会被打掉了。这真是个好主意，从此掉眼镜的问题算是解决了。

在眼镜的问题上，国家可没少给我花钱，眼镜坏了就要换，一场比赛坏了三副就要换三副，都是国家报销的。

戴眼镜还影响穿脱衣服，别人换衣服时都是直接拽着衣服底边往上脱，我每次都是抓住衣领向上提，以免碰掉眼镜。

十、入党波折

1959年到国家队以后，在领队、队长、党务工作者的启发下，我逐渐对党有了认识。第一个启发我的是国家篮球队队长吴自秉，在1959年我们从匈牙利访问回来后，有一次聊天时他对我说："家桢，共产党对你很好的。"我说："这一点不用你说，我很明白，我很热爱党。"他又说道："自己应该加强对党的认识，要求进步啊，争取入党。"我说："好！我考虑一下这个问题。"另一个启发我的是我们的领队黄烈，他是广东人，八一体育工作大队的副大队长，引导我学习毛主席的军事思想和哲学思想在篮球比赛当中如何运用等。他不仅结合我的训练、比赛、国际对手给我分析，让我要动脑打球，还告诉我要提高政治觉悟，争取加入党组织。随着我政治觉悟的提高，入党愿望越来越强烈，1959年我郑重写下了入党申请书。从第一次提出入党申请到1965年正式入党，其间经历了一番波折。

当时在国家各个运动队中，包括足篮排球、乒乓球、羽毛球、田径、击剑、手球、体操、游泳等，好多运动员都没入党，其中包括跳高世界纪录保持者郑凤荣，她是山东人，14岁调到国家队，1957年创造了世界纪录。还有陈镜开、容国团这样破了世界纪录、拿了世界冠军的运动员，也都不是党员。我们篮球队的队长钱澄海、杨伯镛也不是党员。我们队里的老队员中只有刘二柱是党员，他是上海码头工人出身，第一代中国篮球运动员。教练陈文彬是党员，此外篮球队没有党员。

我热爱党，积极申请入党，但在那个年代入党有较强的时代性，我的问题出在家属那里。我出身于产业工人家庭，父亲是开有轨电车的。解放前，父亲稀里糊涂地有过一些经历，解放后向电车公司的党组织交代了这些问题，后来电车公司的党委书记谷桥告诉我父亲，他的事情可以了结，今后不再追究了。另外就是我有个舅舅，也有一些经历，具体情况我也不太清楚，但组织上需要了解，我没有办法，很苦恼。当时我舅舅已经是清河农场的职工了，我就大胆地给他写了一封信，说了我的情况，希望他请假来天津一趟，跟我把问题说清，我好向组织汇报。信是写了，但我并没抱多大希望，正好要出国去保加利亚参加社会主义国家友军体育运动会，我就走了。我舅舅接到信后，拿着信就去找农场党委书记和场长请假，没想到领导很痛快地答应了，批给他三天假，他就从茶淀（农场所在地）回天津了。偏偏这时我又不在国内，就委托我哥哥把他汇报的问题记录下来。回国后我跟队里请了一天假，回家拿了材料回来，并未跟舅舅碰上面。舅舅的问题材料里写得很清楚，我如实上报了组织。当时是 1965 年 10 月，之后不到一个月，组织通知我 11月 29 日下午两点半开支部大会，讨论我的入党问题。结果全票通过。支部的意见里有一条我记得很清楚：能够主动协助组织搞清楚社会关系的问题。这是组织对我的肯定。1965 年 11 月 29 日是我正式入党的日子，也是我终生难忘的日子。

王立彬的篮球故事

王立彬

王立彬（右一）与
访谈人员合影

王立彬，男，1963年3月21日出生于河北省张家口市。现任西北工业大学教授、篮球队主教练，陕西省篮球协会主席，中国篮球协会副主席。1977年入选陕西青年队，1980年入选国家青年队，1981年进入国家队。1980—1986年期间，国家青年队获得过亚洲青年篮球锦标赛冠军和亚军，中国队获第9届世界男子篮球锦标赛第11名、第12届亚洲男子篮球锦标赛冠军、第23届奥运会男子篮球第10名、第10届世界男子篮球锦标赛第9名、第10届亚运会男子篮球冠军。1999年获"新中国篮球运动杰出贡献奖"。

访谈时间：2021年9月11日
访谈地点：西安·陕西省篮球协会
　　　　　王立彬办公室
受 访 者：王立彬
访 谈 者：孟　滢
撰 稿 人：孟　滢
访谈助理：孟　涛　杜晨晨

一、受家人耳濡目染爱好篮球

我 1963 年 3 月 21 日出生在河北张家口，6 岁时到了陕西，所以打篮球、工作都是从陕西开始的。父母亲是支援西北建设，从河北调到陕西的。

我跟篮球结缘应该在 20 世纪 60 年代。我父亲在河北张家口的探矿机械厂工作，他是厂队的篮球运动员。大概在我 4 岁的时候，他要出门比赛，准备带我哥哥去。但是他在跟我母亲悄悄说的时候，我听见了。所以当他们往外走的时候，我就拼命地追，追了二三百米，也不喘、也不累，然后要赖，跟他们大闹。最后我父亲实在没办法了，就带着我和我哥哥去看这场球赛。那是我第一次看篮球比赛，知道了我父亲很喜欢打篮球。

另一件印象深刻的事情是到那儿之后，正好是跟一个部队球队打球，又是夏天，所以我们可以吃到很多水果，最后每个人还有一大碗面条。小孩子就觉得这种日子太好了，又有意思。那个年代，室外的球场只要一有人打球，就会观众爆满，人山人海。我受家庭的影响，喜欢上了打篮球。我爸爸、哥哥都爱打篮球。

我真正走上科班体育的道路，不是从练篮球开始，而是从田径开始。练田径的时候我的身高一直往上蹿，13 岁的时候我已经 1.8 米多了。从小学到初中，我都没有脱离体育，我的小学——西安吉祥村小学就在我们院子的对面。中学是西安市第八十五中学，以前它叫陕西师范大学第二附属中学。

我记得当时去上学，要报到分班，刚把我分到班级，就有老师叫我先去田径队报到，于是我就去了田径队。田径队去完之后又有老师叫我去文艺歌唱队报到，我又去了文艺歌唱队。然后我回到班上，老师说：

"学校好几个队都说你个子高，说你在体育、文艺方面有点专长，以后有什么活动就经常参与吧。"

刚入学的我，早上到田径队训练，下午放学再训练。那时候有少年三项全能：百米跑、跳高和铅球。我进田径队，主攻少年三项全能。不久后我又主攻跳远。我后来进陕西省业余体育学校（以下简称省体校），也是先入的田径队。省体校的教练也认为像我这个身高，应该练全能项目。

转去省体校后，先是走读，然后是住校。一开始我就打算选篮球。因为这个事情，篮球队的教练和田径队的教练还发生了不少误会。省体校田径跳跃组的李永瑞教练说："我要带你，肯定能进国家队。"所以当我进了省队（陕西省青年队）后，李教练还不理我，直到我进了国家队后，我们才又开始打招呼。

当时教练们都认为我性格好，接受事物快，身体素质和灵活性都不错。我的身高也是一点点长起来的，不是一下子蹿得很高。那时候我身高1.8米多，不适合打中锋，所以我改篮球项目的时候，是从后卫打起来的。

二、在省体校开始转练篮球

在我没进省体校的时候，我去过陕西省四十七军的篮球队，跟着练了两天，结果人家说他们队伍里最小的是1958年的，我是1963年的，根本没法和他们在一起训练。由此我才正式决定到省体校练篮球。这也是我父亲做出的决定。我长大后回想起来，觉得父亲思路很清晰，为我选的道路很正确。

1976年夏天，我正式进入了省体校（图1）。1977年3月，陕西省要组织青年二队。当时陕西省青年队有两支队伍，一支队伍叫西安市青

年队，另一支队伍叫陕
西省青年一队。组建陕
西省青年二队（省青年
二队）时，招募队员要
在1958年以后出生，所
以招的队员大概都是
1959年和1960年出生
的，但是人数不够，我
记得当时只有8个人。

　　省体校的贺光州教
练听说那边在招人，还
特意嘱咐我说："你不能
去。"他说省队内部关系
复杂，虽然人员条件不
错，但是打不出该有的
效果。以我的条件，跟
他训练两年后，保证能
进八一队。

图1　1976年陕西省体校时期
（左一为王立彬）

　　但是万万没想到省队这边急于招人打比赛。于是省队就把我加了进
来，把我从省体校直接调到了省青年二队。我的教练很生气："你咋同
意走了呢?"我说："我也不知道，我家里人同意了。"

　　家里人同意是基于一些考量。这是省青年二队，进了省青年二队之
后，第一能拿工资，第二有伙食保障，第三队里给发服装，我还能代表
陕西省去参赛，将来算是一名正式工。基于这几方面因素，父母觉得我
应该去。

　　在省青年二队的时候，我在场上的技术位置还没有明确转变。因为
从省体校出来的时候，我的身高还是1.88米左右，而且当时我在队中

年纪最小，训练的时间也短。我正式改练篮球才一年，跟着省体校科班训练也只有半年，所以调到省青年二队的时候我很兴奋，穿上队里发的一套服装，我觉得自己很牛，没想别的事情，思想很单纯。

我记得在队里第一次比赛时，我是"饮水机管理员"，负责做技术统计。我第一次出门比赛，是去广西梧州，那也是我第一次自己一个人出远门。从陕西出发倒火车到郑州，从郑州到武汉，然后从武汉直接到广州，再坐船到广西梧州。

这一圈儿虽然折腾，但开阔了我的眼界。第一次出来就走了这么多地方，看到很多不一样的事情。那场比赛我也认识好多高手，他们的年龄都至少大我 5 岁，1985 年之后，我才不算是年龄最小的，在这之前队友都比我大很多。

我现在仍有信心，觉得做技术统计没有比我做得好的。因为我真的很认真地看比赛，仔细做技术统计。那时候都是自己动手画，交出来一份给教练看。教练一看："这小子任务完成得还挺好的。"

比赛中看到这么多高手，回来后我就有了第一个目标：我要跟他们一样优秀。刚开始打球时，我根本就没有进成年队、国家队那些的想法。看了他们的比赛，我就觉得："哦，他们打得好，我得像他们一样。"实现目标需要一步一个脚印、扎扎实实、一点点顺着台阶往上走。教练也没有给我固定位置，反正场上哪里需要你，你就要立刻上哪里去。

三、偶然机会入选国家队

1977 年外出比赛时我见识了更多厉害的人，已经看到自己的不足，在接下来两三年的训练中，我可以说是非常刻苦的。

我在 1980 年 10 月进入国家青年队（以下简称国青队），1981 年 3 月进入国家队。从 1977 年正式进入省青年二队来算，我用了 3 年时间进入国青队，不到4年时间进入国家队，提升速度很快。

我在国家队的训练非常刻苦，这跟在省队时打下的基础和养成的习惯有关。我自己也好面子、好胜，经常找省青年一队的队员们打球。比如说，我运球能力不足的时候，我就去找成年队的后卫玩儿，有个人叫宋富贵，现在他也从事篮球运动相关的工作，我们形容他：一个人运球，全场都看着，谁也抢不着。我们经常在一块儿玩儿，补自己的短板，使技术能力更加全面。与此同时我还注重加强力量训练。因为我有田径的基础，所以转练篮球后，力量突飞猛进，个人的技术水平和身体的灵活性提高很快。

1980年我进了国青队，第一次出国比赛是去泰国，国青队获得了中国第一个亚洲青年篮球比赛的冠军（图2）。

图2　1980年国青队于泰国曼谷夺得第一个亚洲青年篮球比赛冠军

（第二排右一为王立彬）

　　回想起来，1980 年接到国青队调令的时候，我很重视，心情非常激动。通知 10 月 10 日报到，我 10 月 9 日晚上就提前到达，结果 10 月 10 日去报到，一看没人，后面才陆陆续续地来了两三个，第二天又来了几个。最后一个是张斌，他是我的队友。

　　他到了之后，我问他："为啥你比我们晚十天到？"。

　　他说："因为我们球队出去比赛，所以请假了。"

　　我说："还可以这样？我那儿有比赛，我放下比赛立刻就来了。"可见当时我的迫不及待。

　　国青队的主教练是吕长新。广东队是当年全国青年队比赛的冠军，他们队有一名助理教练，叫吴承镇。当时国家队有一项规定，国家体委训练局专门有一支教练团队，负责出任国家男、女队以及青年、成年队的教练。当年所有获得冠军的地方队教练，都可以过来做助理教练，严格来讲就是，地方队的教练是没有资格带领国家队的。

　　我报到后，就来了两个人，吕长新教练见状也没有开展训练，他就说："来来来，到场地里来，自己玩一玩，教你们几个动作，你们就这么练着。"

　　练着练着，快到傍晚 6 点的时候，来了一帮打球的。我定睛一看，这哪是打野球的，是钱澄海、胡利德和杨伯镛他们一帮人。后来得知，如果没比赛，他们每天都要到场馆玩一玩、练一练。

　　我们当时就愣住了，这些人都是我们在报纸上才能看到的，特别是钱指导（对教练的称谓），也是我的恩师，那时候我只在报纸上看到过他的照片儿。他们在那儿玩儿，我就在那儿看，这个画面给我的印象太深刻了，我更没有想到转年钱指导就直接带我了。

　　那天看到他们，我心里也有了点想法：我是不是以后也能奔着国家队去啊？在这之前我想都没敢想，只是觉得应该把当下的篮球打好、练好。

　　从国青队回到省队后开始冬训。冬训结束后，大约在 3 月我们全队到湖北参加湖北协作区比赛。刚打了两场，国家队的调令就到了湖北。教练告诉我这件事情。我心里就在想："呀，这咋回事儿？美梦成真啦！"比赛也不打了，我赶紧回省队，带上我的伙食费，就奔北京去了。

到国家队报到后，刘贵乙是领队兼总教练，男篮的执行总教练是钱澄海，助理教练是吕长新。

入队后第一次出国比赛，对我来说是非常难忘的经历。这一次经历让我以后去到哪儿比赛都不觉得苦。这次出国比赛，大概32天，行程几万里。从北京到日本要坐四五个小时的飞机，从日本飞加拿大温哥华要13个小时。在加拿大打完比赛后要直接去美国，再从美国转到哥伦比亚、厄瓜多尔、巴拿马和委内瑞拉。

我在这次出国比赛中奠定了自己在国家队的位置。其中有一场特别的邀请赛，是在第一站加拿大比的，与我们对战的队伍全是教会队伍，水平非常高。我记得，我们在加拿大的4场比赛全输了。后来到了哥伦比亚、厄瓜多尔、巴拿马、委内瑞拉这四个国家，打不过巴拿马队，因为巴拿马队的球员大部分都是在美国大学里打球的，他们实力很强。当时对阵厄瓜多尔队赢了一场，跟委内瑞拉的一支队伍比，打赢了一场。所以十几场球下来，国家队应该只赢了两三场球。

我反而越挫越勇。当时在哥伦比亚打完那场球，中国驻哥伦比亚的大使请我们吃过一顿饭，他拍着我的肩膀说："这小子年龄这么小，球打得好，好好练啊。"当时我只是想，大使都拍我的肩膀了。此外钱指导也说："虽然年轻，但是打球比较油，不像年轻人那种冲锋陷阵的猛法。"所以，总体来讲自己的打球风格开始成形，那时候我的位置是大前锋和二中锋。

四、我理解的篮球战术"快、灵、准"

跑轰战术这个说法，我们那时叫"快、灵、准"。跑轰战术的执行必须建立在命中率高和失误率低上，如果你丢了这两条，它就不成立。投得越多，输得越多，打得越快，丢得越多。再往细点儿说，只有保证能抢到篮板球，你才有发动权，才能够往上输送。

刘贵乙总教练就是打篮球快速且灵活的一个代表。早在中国篮球参加完两次世界大赛和三次亚洲杯、两次亚运会后，已经形成了一个共识：走向世界的时候篮球不能慢打了。1981 年，全国篮球训练工作会议在杭州举行，牟作云、张长禄等篮球前辈和国家队教练、各省队已经明确了中国篮球发展的方向：快速、灵活、准确。

钱指导的跑轰战术其实一直在使用，只不过在 1986 年至 1988 年期间，跑轰战术更成熟了。

钱指导高明的地方，还体现在抓规则的漏洞。当时规则上有一条：发边角球，球是不触裁判手的，裁判只要指出方向，你抢了球就可以扔进去了。因为球一落成阵地战，我们在身体的对抗上可能会吃亏。所以我们不想进行阵地战，能在 10 秒、15 秒内完成，我们就不磨到 28 秒、30 秒。对规则的灵活理解，也促进了"快、灵、准"战术的使用。

早些时候还没有 3 分球。3 分球正式实行的时候，我们是走在前列的。在全国比赛中，我们会先画一条 3 分线。从 1984 年开始，尤其是洛杉矶奥运会之后，鼓励球员投 3 分球。因为大家已经知道后面即将实行 3 分球制度，所以在这一年国内针对比赛做出了一些决定：第一，为了推动各支队伍打球人数增多，要求必须上场 10 个人，打满 10 分钟；第二，画好 3 分线，投进 3 个 3 分球后，第 4 个开始变 4 分球，鼓励球员适应新规则，鼓励球队培养投手，多投 3 分球。所以篮球战术整体是一个系统，不断推动，往上发展，最后才形成了国家队的"快、灵、准"战术。

我清楚地记得，那时候在国内排阵容，先排 5 个人，打 10 分钟，然后再排 5 个人。这样经常会出现一种情况，先排的 5 个人都是投篮准的，都是能至少投出 4 个三分球的人，这时候即使对手领先 20 分都不一定稳赢，一个球就 4 分，所以这也促进了投手的养成。

五、单枪匹马去日本

我在国家队打球一直打到 25 岁，1988 年汉城（今称首尔）奥运会以后，因为国家队重新集结调整人员名单，我离开了国家队。离开国家队后我先回到了陕西队。但是陕西队不太景气，这时候，我提出来停薪留职，自费出国深造。

当时这个想法来自日本国家队的教练小浜元孝。他在北京见到了钱澄海指导，问钱指导："新组建的国家队里，那小子怎么不见了？"钱指导说："那小子在西安呢。"日本国家队的教练就提出来想见我。

1989 年在陕西省举行全国篮球联赛的时候，钱指导和师母都来了，见到我就说："立彬，日本国家队的教练要见你。"当时日本国家队的教练就是小浜元孝，他也是五十铃汽车篮球俱乐部的总教练。在钱指导的联系下，我和小浜元孝见了一面。他见了我，明确表明："既然你不在国家队了，你能不能到我这儿来？我高薪聘请你到我的俱乐部来打几年篮球，咱们相互交流。你是亚洲第一中锋，我那时候就很喜欢你。"所以打完全国篮球联赛以后，我就正式提出停薪留职，准备去日本打球。

1989 年 6 月，我离开北京去日本。到日本后我最大的一个感触就是，两国体制不一样，刚开始我有些不习惯。我们在国内的时候生活在国家队和省体工队，队员只需用心打好球，后勤保障等都由集体负责。

　　我一个人单枪匹马来到日本，要面临的困难很多。日本有许多职业球队，我当时去的是五十铃汽车篮球俱乐部。日本最大的一个赛事就是日本的职业联赛，另外，每年有一个"天皇杯"。我到俱乐部后的训练生活完全跟国内不一样，面临一些困难。第一个困难就是签约，我需要找律师帮我看法律条款。逐渐地自己也要懂得当地的一些法律规定，例如，你签下的这份合约，有什么保证等一系列条款，自己至少要懂一些。这和国内的训练生活完全不同。在日本请律师和经纪人要花不少钱。我心里就想，好不容易挣来的年薪，我还得给这些人一部分，干脆我自己干了。这样也有一个好处，就是迫使自己主动学习，不断学习。

　　第二个困难就是语言不通。俱乐部派给我一名日语翻译，天天跟着我一起外出比赛，无形中又多出一笔房费。刚开始还好，这笔房费由日本公司支付，但是后期又产生了很多其他问题，除了房费，我还要支付翻译的费用。这些都是一开始我面临的实际困难。

　　我 1989 年去日本，1993 年离开，有四年时间在日本。我练就了自己看合约的本事。我在日本当时是作为外籍球员引进的，所以占一个外籍球员的指标，一支队伍只允许有两名外籍球员，跟我同时期还有一名美国球员。规则要求，场上只能有一名外籍球员参加比赛，我上，他就不能上；他上，我就不能上。要维持这份合约，我就必须打出水平来。因为不管是攻是防，俱乐部都拿美国球员跟我做对比。在日本的四年当中，我一直面对的是外籍球员的竞争。

　　来到日本的第二年，教练给我提出来一个建议。他们当时流行的一个政策叫人才引进，包括后来我们有一些乒乓球运动员到日本打球，都是根据这一政策。人才引进当时得归化成日本籍，有几种方式：一种是结婚、生子；另一种是抚养、收养。所以我的教练小浜元孝提出来说："既然你要在我的公司长久地发展，我们这儿的模式是打完球之后，可以留在公司里上班，给你收入和薪水。"打篮球是高薪，是部长级的薪水，就是现在所谓的首席执行官、老板的薪水。在公司里上班的收入可能稍微低一些。正常情况下，一个日本人拿到部长级的薪水已经非常不容易了。

当时我的教练连名字都给我起好了，但我后来觉得这事不能做。所以我问他："如果不在你的公司干，我留在日本打球还行不行？"

他说："可以啊，你这种情况不打最高级别的甲级队，还可以打基层的联赛，但是薪水可能要低一些。"

我说："那没关系，我不入日本籍，我换一个队继续打。"

所以我们就友好地解除了合约。我离开了日本的五十铃汽车篮球俱乐部，第三年到了另外一个俱乐部，叫作杰克赛尔俱乐部，它是制造特殊发动机和汽车空调的公司下属的俱乐部。在这家俱乐部我又打了一年多的篮球。

在日本打了四年球后，我产生了回国的念头。刚好这时候我爱人怀孕了，我就回到了国内，先回了陕西。那个时候奥运战略正好发生了转变，很多大球项目都取消了，运动员们主攻小球项目，攻有望拿金牌的项目。所以陕西那时候的篮球队几乎已经垮了，球队一大部分的人员都已经到了广东，留在陕西队也没有太好的发展前景。

六、台湾执教积累经验

这时候又出现了一个机遇，成为我去台湾打球的契机。我在日本的时候，台湾的一些篮球队也经常到日本去打球。所以在日本，我与台湾的教练员、队员有过接触。我们在亚洲杯、亚运会的时候，都互相认识，在一起打过球，往来也比较密切。其中，有一位台湾的篮球教练就曾邀请我到台湾去打球。

我回国后，又遇到了这位教练。他说："立彬啊，我太喜欢你了，我 1987 年看你打球，你还记不记得我给了你一张支票让你填价格？"

　　我说："记得，这张支票还在我手上，我不知道怎么填。"

　　他说："你填个价格就能来。"

　　我说："那我咋去？"

　　他说："这个你就不用管了。"

这时候，他们推出了海峡两岸体育界杰出人士参观访问台湾的活动。于是我以这个身份去了台湾。1993 年，我作为助理教练参加了在中国台北举行的亚洲杯。平时在台湾我主要是代表俱乐部参加篮球比赛。

　　台湾的比赛挺有意思。以当时的篮球水平来看，台湾球员的水平没那么专业。他们都是各俱乐部的队员，参加的比赛叫社会组、甲组比赛。一些公司管理球队，有男篮也有女篮，但球员大都不太重视力量和身体素质训练。我去之后的主要任务就是，第一，先解决身体素质问题。我去训练时提出："先得找一个力量房，找一个健身房，要不然我就不练了。"第二，训练大个儿队员怎么打外线。第三，拓宽发展的视野。我认为篮球打到 30 岁或 50 岁，其间总要有一个转型，要提前为自己规划。

　　在台湾期间，我一直关心很多其他类型的工作，也干了不少其他行业的工作，包括在 ESPN[①] 做体育主持、担任篮球赛的解说嘉宾、给媒体撰写篮球球员的专访和文章等。ESPN 是美国公司，也是最大的体育专业电视台，亚洲总部在新加坡。这段工作经历提升了我的个人素养，开阔了眼界。

　　所以我也将在台湾的生活作为我人生的重要经历，把所学的、所了解的都付诸于实践，广泛结交当地的朋友，以及东南亚地区的朋友。

---

　　① ESPN，Entertainment and Sports Programming Network，娱乐与体育节目电视网，总部设于美国布里斯托尔市。

很有意思的一件事情是，我在台湾刚开始接触媒体，是在 1994 年加拿大世界杯期间担任篮球比赛解说嘉宾。台湾那时候的电视转播很有意思，电视台给出一个画面，我坐在家里用电话跟他们联系，看着画面连线解说篮球比赛。

我对这块儿内容很感兴趣，想走体育解说这条路，就跟 ESPN 签了一份合约。每到 NBA① 赛季的时候，我都要去新加坡总部待一段时间，最长的时间是一个月，我有近十年基本上都处于这样的工作状态。

在台湾度过了一段时间，我看到了台湾经济的发展情况和篮球未来的发展趋势，慢慢产生了想要回大陆的念头。当然也有前提和其他因素。CUBA② 的创办人是我们的老裁判员、中国人民大学的龚培山先生。我们关系非常好，大概在 1998 年的时候，他去过台湾一次，找过我，也跟我介绍过大陆篮球比赛的一些情况。

2004 年，我正式返回陕西，选择了陕西的东盛盖天力球队。后来这支球队被转卖给了现在的广州龙狮队。

我深知基层基础工作的重要性，当东盛盖天力球队要转卖的时候，我联系了西北工业大学的体育部主任，他跟我非常有渊源。他说："你要离开陕西吗？"我说："我没有打算离开。"他说："那行，给我一个礼拜的时间，你到西北工业大学来行不行？"我说："正好有这个意愿。"就这样，我转到了西北工业大学任教。

七、重视培养青年后备人才

作为职业队，我们从事的是竞技体育，竞技体育是成绩优先。但有

---

① NBA，全称为美国职业篮球联赛（National Basketball Association）。
② CUBA，全称为中国大学生篮球联赛（Chinese University Basketball Association），2022 年，CUBA 更名为 CUBA League，缩写为"CUBAL"。

时候职业队又与市场有关联，当经济利益和篮球本身产生冲突时，情况可能就会变得复杂。在我们国家现有的体制下，我的第一个想法是应该抓好自己的人，凝聚整个球队的向心力。当我们的本土队员强大后，再引入外籍球员，只有打造一支这样的队伍才符合这项运动的发展需要，而不是花费六千万或者一亿六千万去建立一支球队。所以从职业的角度讲，我们应该把所有相关的法规、税务、人员的往来都要想清楚。

到了大学，情况是不一样的。高校中平时的体育教学，如果用职业的眼光看，仅仅是按照体育教学大纲走，目前这些运动量显然是不够的。特别是多年以来，青少年的身体素质出现了一些问题。进入大学，我主要负责带领高水平运动队。作为高水平运动队，第一，要引领风气，引领大学的体育，让普通学生多参与；第二，既然是竞技运动，CUBA还应该练出成绩；第三，应该培养有用的人，不仅是对学生自己有用，更要对社会有用。

西北工业大学前几年的竞技成绩还不错，能打到比赛的前几名，后来成绩逐渐下滑，现在也是人才青黄不接的时候。我一进大学后就设定了一些目标。首要目标就是人才的养成，我们高校的队员们，在篮球竞技和发展方面，都属于三四流的人才，因为最好的人才大都在CBA[①]以及各省队中。所以进入大学后，我们更要重视这方面人才的培养。这也是近几年中国篮球协会（以下简称中国篮协）重视选秀，大学生球员陆续地进入CBA的原因。

我还记得，第一次高校篮球选秀是在2014年，各大高校居然没人报名，所有CBA的队伍也没有到现场，最后只有西北工业大学的一个学生报名了。所以第一个选秀状元是我们西北工业大学的学生。出现这种情况的原因，很大程度上是大家不清楚俱乐部能不能要，愿不愿意要大学里面培养出来的高水平运动员？但是如果这条线打不通，篮球项目

---

① CBA，全称为中国男子篮球职业联赛（China Basketball Association）。

就永远发展不下去。如果大学成立的队伍越来越多，我相信大学体育在篮球项目上会更加蓬勃发展。2014 年，正是由于西北工业大学的参与，中国篮球的选秀制度才没有废止。之后逐年慢慢发展，参与院校发展到二三十个。

虽然在这之前，大学的篮球运动员有很多已经打过 CBA 了，但是体制不完善，所以 CBA 选秀与高校合作的模式还是空白的。回到大学，如果连人才培养、成绩取得和引领学校体育发展的功能都实现不了，那我认为高水平运动队存在的意义就消失了。人才的培养一定是给社会、CBA 以及这些孩子的未来提供帮助的。

于是，我接手西北工业大学篮球队后，首先组织了有兴趣的队员参加裁判员学习班和教练员学习班。现在看来，十几年前花的工夫没有白费，当年那些人后来都成为了国家级的篮球人才，也算是篮球的传承。他们现在都在各条"战线"上贡献力量，有当教练的，有当裁判的，也有当老师的。

其次，我们还在西北工业大学成立了一支由普通生组成的篮球队（图 3）。初期我们采取的办法是以老带新，让大四学生或者即将走向社会的队员学习如何管理队伍，就像实习。这些队员带了普通生篮球队后再来打球，他们自身的思想也更加健全了。普通生篮球队这几年成绩也非常不错，4 年内已经两次夺得了 CUBA 普通生组的冠军，学生们对篮球的兴趣更加浓厚了。

最后，为了让更多的孩子了解篮球，对篮球产生兴趣，应在学校体育工作中重视社团的建立。西北工业大学学生篮球运动管理协会在建立不到两年的时间，就被共青团中央评为"全国百佳体育公益社团"。学校现在举办的篮球比赛，就是由西北工业大学学生篮球运动管理协会组织和管理的，效果非常不错。所以社团的建立在推动学校体育发展方面也发挥着重要作用。

图 3 2019 年西北工业大学普通生篮球队合影（后排左一为王立彬）

八、陕西省篮球协会发挥引领、服务功能

2015 年，我出任陕西省篮球协会（以下简称陕西篮协）主席。陕西篮协是一个省级篮球协会，是全国第一个实体化的篮球协会，完完全全脱离了体育局，也是在陕西省民政厅注册的独立的法人机构成立的社会团体。

工作之初，我主要思考如何把它打造成一个优异的协会。所以在这方面我很认真地下了一些功夫，包括借鉴了在海外所见到的一些协会的成功经验。在这种情况下，如果我们能走出一条康庄大道，前景将是非常广阔的。

陕西篮协一直在改革，如中国篮协一样，都是实体化协会，但是中央和地方还不太一样。对中国篮协来讲，它肩负着国家的任务，会有一些经费。但地方篮协是完全没有经费的，想干好，就得有想法。

陕西篮协到底应该怎么办？我认为它应该有两个功能，第一个是引领，第二个是服务。用现在的话讲，叫"不忘初心"，真的就是为人民服务，为群众服务。我们既然是干体育的，就得把体育这个行当做好。

体育最弱的地方是基层，尤其是在一些偏远的中小城市。所以陕西篮协想到的第一个战略就是乡村包围城市。我们的口号是"篮球是大事"。陕西篮协要下基层，几年下来陕西省的107个县（市）我基本都跑遍了。现在，陕西篮协还成立了党支部。工作就这样开展起来了。

我鼓励107个县（市）成立自己的篮球协会。目前已经成立了60多家，将近70家。我作为陕西篮协主席，主要任务就是继续成立基层篮球协会。同时，鼓励他们也要成立基层党支部，与陕西篮协串联起来。通过行走乡村，我们支援地方、服务基层（图4）。

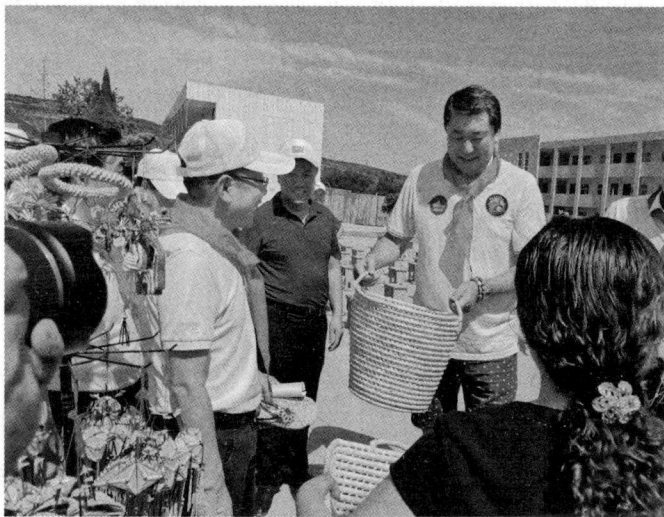

图4 2019年体育扶贫进乡村到渭南地区

少年强则国强，陕西篮协率先成立了小篮球分会。我们重视青少年的培养，从幼儿园开始普及篮球，让他们练习运球、球操、跳投，训练效果很显著。

陕西篮协主要起的是引领、服务社会的作用。比如"共同战疫，守护天使"的活动。2020 年，在新型冠状病毒感染疫情防控期间，陕西篮协和一家公司合作，共同支援了武汉的五六家医院。当时我们以为只是中国的篮球界来支持武汉，没想到这个活动举办后，世界各地的华人，以及许多知道有这项活动的人都积极参与进来，湖北篮协（湖北省篮球协会）也非常感动。再比如陕西省也有支援西藏的活动，我们专门设立了西藏班，有三四百名西藏孩子在我们这边的学校上课。我们也给他们组建了篮球队，为他们募集一些善款，提供帮助。还有一些贫困地区或发生洪灾、地震等自然灾害的地区，陕西篮协都伸出援助之手。我本人也兼任陕西省西安市慈善爱心大使以及陕西省消防爱心大使、陕西省缉毒爱心大使等，做这些活动我觉得特别有意义。

中国篮协副主席的身份对我个人来说是一份荣誉，但更重要的是我要做好这份工作，担起这份责任。陕西篮协干好了也是中国篮协的光荣，中国篮协引领得好、指导得好，也是我们陕西篮协干事创业的一个动力和支撑。

九、师恩难忘

按中国的传统，一日为师，终身为父。在篮球这条路上，帮助过我的老师有很多。我进省体校时的田径教练叫李永瑞，篮球教练叫贺光州，他们都是省队下来的教练，也是我在省体校的启蒙教练。我们现在还经常往来，在贺先生 70 岁大寿的时候我们几个学生还去给他庆生。

到了省青年队后，我的主教练，也是我的恩师，是褚振华，领队是刘宏绪，助理教练是刘新生。进了成年队，我的教练是巩生儒教练，然后到了国青队、国家队的时候是吕长新教练，然后是钱澄海教练，领队兼教练是刘贵乙，还有张卫平教练。

恩师对我的谆谆教导，我至今难忘。1981 年我在比赛中盖帽儿，结果手打到了篮板上。当时条件也不好，没有麻药，我就忍着痛，自己在训练局的医务所缝了十一针。现在伤口处还有歪歪扭扭的伤痕。我当时想，受了伤，第二天应该可以休息，结果没想到第二天早上有人"噔噔噔"地敲门。

一开门，刘贵乙指导来了，见了我就问："小子受伤了？伤到哪只手了？"

我说："伤了右手，正好是投篮手。"

刘指导说："这才好呢，伤了右手，练左手啊！我等你啊，换鞋。"

他就把我叫走了，然后我就去练球了。由于右手没打过麻药，又缝了十几针，所以我就用左手练。现在我在西北工业大学也是这样教导学生的。

队员受伤了，我问他："你伤到哪只手了？伤了左手就去练右手。"

队员说："右手也伤了。"

"那就练腿。"

"腿也伤了，动不了。"

"那就练腰腹。"

"腰腹也伤了。"

"去练脑子，总之不能停。"

在国家队期间，恩师的要求，我都得努力完成，到了后期练力量时，我力量大，练得也认真，教练就不管我了，我可以自由练习。

钱澄海指导，他是我的前辈，也是我的恩师。记忆最深的一次是我们 1983 年打完比赛回来，因为当时也打出了一点名气，所以我有点骄傲，觉得自己好像是大牌了。我们那时候训练完都在一个大食堂吃饭，大家一人拿个碗坐在一张大桌子前，自己打菜，夹肉，拿酸奶、水果，吃完自己去洗碗，钱指导吃完了就跟着我一块儿去洗碗。

当时钱指导问我："立彬最近怎么样啊？"

我立刻就感觉出来了，他是在说我有点骄傲。

接着他就给我提醒了一下，说："你看到那个谁没有？"

我说我看到了。

他说："在《新体育》画报上登了封面，又能怎样？你能学吗？你还不到那个位置吧。你可要注意，不要翘尾巴。要想踏踏实实地打球，你就应该把尾巴给我卷起来，好好干。"这句话能让我记一辈子。

十、从旗手到火炬手的传承

1984年对我而言可以说是记忆当中最深刻也是最珍贵的一年。那一年中国在重返奥运大家庭后第一次参加奥运会，意义重大。我作为中国代表团旗手和中国男篮团队中的一员，倍感荣幸（图5）。

图5　1984年洛杉矶奥运会开幕式上，王立彬任中国代表团旗手

回忆起来，当时钱澄海指导大概是提前十天左右通知的我，他告诉

我有重要的任务，让我去把头发剪了，我当时也没细想。

那时我们篮球队员都是自己理发，如果实在打理不过来，才会去理发店。有时候我们洗澡前相互之间就把头发给剪了。那时候我比较爱留长头发，还带点儿自来卷，训练后我满身汗，头发蓬乱得像鸟巢。

当时的训练局副局长跟我说："小伙子准备好了，这次有光荣的任务。"

等我收拾完，钱指导告诉我："你是旗手，但要保密，不要说。"我想跟谁说也没这个机会，那时通讯不发达，就一直保密。我们院儿里头的邻居们不知道我叫王立彬，但他们都知道我的小名叫二胖，所以当时开幕式的时候，邻居们一看，这举旗的不是二胖吗？

开幕式之前，旗手需要做很多准备，先得踩场，听音乐。美国那场开幕式安排得挺细，会针对各奥运代表团的所属地、所属国，安排一首有代表性的音乐。踩场时我把这首曲子听了，也走了一遍场。当时我们代表团离开北京之前，全体成员还练过正步走和齐步走，后来到现场大家决定齐步走入场。

我是举旗的，前面有两个举牌的美国小女生，我们3个人要踩着点、跟着音乐走，其实就是我们3个人的配合比较重要。我们3个人走好了，后面代表团跟上就行。回过头看，我们那一次的入场仪式，只是齐步走，大家还比较拘谨。现在奥运会开幕式入场仪式，大家进场后，招招手，相互致意，比较随意，与过去不一样了。

2008年，我又很荣幸地担任了北京奥运火炬手，在西安完成最后一棒的传递。距离1984年，时间过去了24年。2021年，全国运动会（以下简称全运会）在陕西举办，我再次担任全运会的火炬手。

从荣誉的角度讲，为人做事要老老实实、踏踏实实，这也是我一贯的行事风格。从篮球这项体育运动来讲，我既做了运动员、教练员，又担任了旗手、火炬手，这是一个充实的人生经历。从工作层面来讲，我也能深刻理解，怎样把工作做得更好。2021年，第十四届全运会就在我的家乡举办。以前是作为运动员参加全运会，现在作为管理者和服务者亲历全运会，这又是一次不一样的体验。

我热爱学习，喜欢动脑筋，学习新事物。可能是早前接触过媒体工作的缘故，我现在对新媒体也很感兴趣。我自己拍摄小视频，作为日常工作和生活的记录，通过平台分享出来，让更多人了解，这是一种很好的传播方式。比如全运会火炬传递，虽然受众通过新闻报道可以看到现场的画面，但是他们并不知道火炬的投递、收容等幕后的流程和故事。我从亲历者的角度记录了火炬的传递过程，给普通老百姓展示出来。

从旗手到火炬手，可以说这是体育精神的一种传承。作为旗手，举旗的那一瞬间是大气的、精神的。但运动员首先还是要打好球，把球打好了，再去做其他的。现在回想起来，当旗手、火炬手是历史性的一瞬间，但它对我的影响是一生的，这些经历告诉我不管是做哪一行，做哪一件事情，都要摆正位置、做事专业。这也是我对体育精神的一种理解和践行，我会在热爱的体育事业中将体育精神一直传承下去。

田文惠的篮球故事

田文惠，女，1942 年出生于重庆市，运动健将。1958 年进入贵州省体育工作大队，1959 年进入国家青年女子篮球队，1961 年进入国家女子篮球队，1964—1974 年担任国家女子篮球队队长，1974 年退役。1982—2002 年任职于国家体育运动委员会（1998 年 3 月更名为国家体育总局）群众体育司，先后担任业余训练处副处长、处长，青少年体育处处长和助理巡视员等职务。1999 年获"新中国篮球运动杰出贡献奖"。

田文惠

访谈时间：2021 年 4 月 23 日
访谈地点：北京·国家体育
　　　　　总局离退休干部
　　　　　活动中心
受 访 者：田文惠
访 谈 者：刘　欣
撰 稿 人：刘　欣
访谈助理：李晓玉

田文惠（左）与访谈人员

一、从贵阳到北京

我 1942 年出生在重庆市，祖籍是河北省深县（现更名为深州市）。1950 年我上小学三年级，父母离异了，我跟着父亲来到贵阳，暂时寄宿在别人家里。我的学习成绩很好，每天功课做完以后，我就跑到外面活动，小皮球也打得不错。

学校里的活动非常丰富，文艺演出、体育活动都有安排，课间操、运动会这些也都有。我们那个年代不像现在，学习压力没那么大，学校里气氛比较活跃。我在班里是体育委员，运动能力突出，曾经代表学校参加过市里、省里的田径比赛和乒乓球比赛。我爱跑跳，喜欢田径，身体素质还可以。那时候年龄小，我根本拿不动篮球，但小皮球玩得比较熟。

上中学后我才开始打篮球，记得我哥哥第一次带我去投篮时，我根本投不进去，后来慢慢地就可以了。跑跳依然是我的优势，1956 年全国第一届少年体育运动大会在青岛举办，我代表贵州省参加跳远和 100 米跑的比赛，成绩在贵州省算是好的。1957 年我就代表贵州省参加了在郑州举办的全国少年篮球比赛。

1958 年 9 月，各省都在准备第一届全运会，正在读高一的我被调到贵州省体育工作大队（以下简称省体工队），从此离开了我的母校——贵阳五中。我个子矮，他们可能是看我能跑能跳吧。

当时我并不愿意进专业队，虽然喜爱运动，但我没想过进专业队，因为我的学习成绩还不错，我想学理工科，为什么后来我又进省体工队了呢？是因为我不想再过寄人篱下的生活。我父亲那时候还没再婚，加上又是汽车司机，常常跑长途，不能顾家，我只能轮流在他的老朋友或老邻居那里寄宿。如果去了专业队，生活就能自立了。在心里矛盾纠结时，有工作、能自立的念头占了上风，所以我就去了省体工队。我的身高只有1.64米，当时也想过自己个子矮，在专业篮球队待不长，最多待两年就回来了，但是进队后我的心态就不一样了，我这个人干事情就想要干好，在队里训练非常努力。

1959年我国举办第一届全运会，我作为贵州省女篮的一员参加了比赛。但我是刚进省队不久的小队员，打不上球。队里有个核心组，组内都是核心队员。第一场比赛我们对河北队，河北队那时候在全国是前几名的队伍，不知为什么，那场比赛突然把我放进首发阵容，这是教练们一起研究决定的。此前我一直是板凳队员，没有任何心理准备，但有这么一个机会，我还是挺高兴的，也没怎么想就上场了。真是初生牛犊不怕虎，我来了个超常发挥。本来我的身体素质就好，有跑跳的底子，大家都说我满场飞奔，这么个小个子队员跟强队打也毫不示弱，又抢又断，又传又投，一场比赛下来我得了20多分。比赛是在北京体育馆打的，那时候还没有首都体育馆，我记得很清楚，因为以前很少在这样正规的场馆内比赛，而且比较凑巧，那天是我生日，所以印象比较深刻。

第一场比赛打得不错，对手又是那么强的队，我心里很高兴，队里也认可，教练就开始重用我。紧接着后面跟八一队、江苏队比赛，基本上我都成了首发，进入主力阵容。我一个刚进队的新人，才十六七岁，原来是板凳队员，因为第一场打得好，后面就得到重用，真是没想到。我还算争气，每场都打得特别好，非常突出。更没想到的是，因为这几场比赛的表现，我又被国家队教练看中了，后来我从国家队老队员杨洁等人那里了解到，她们也看了贵州队的几场比赛，投票赞成把我调到国家队。

实际上我在贵州队只待了一年，1959年12月就接到调令，国家体委调我到北京，进入国家青年队。接到调令时我感觉很意外，压根没想到，因为我的身高条件摆在那里，对篮球队员来讲这样的条件并不好，我想国家队两年调整一次，到时就会把我调整下来。

我要离开贵州去北京了，父亲有点依依不舍。1958年我被选到省体工队的时候，父亲并没有过问，现在我要离开他北上，他有些难过。那时候他还没有再成家，觉得女儿离开他，远走他乡，心里不是滋味。我印象很深的是临走前一天他躺在床上的样子，像是还要留住我。我安慰他说我自身条件很差，可能过两年一调整，我就回来了。

二、国家队的"小个子"

国家青年队也就是国家二队，从全国各地一共调来了9个人，人员不齐，因为有些地方不放人。后来国家二队要出国访问，还差几个人，就把四川女篮的一个主力阵容调过来了，教练带着我们和四川调来的队员出访了阿尔巴尼亚、罗马尼亚等国家。

在国家青年队，我很刻苦地训练，虽然来之前觉得两年后自己会被调整，但我那股干事不服输的劲头又来了，我心想我可不能再回去，丢脸呀。

我们每天训练六七个小时，运动量比较大，星期天大家休息的时候，我自己还跑到体育馆里加练，起码要练一两个小时，特别刻苦。技术动作主要是练投篮，身体素质主要是练跑跳，毕竟自己身材比较矮小。当时我一门心思全放在打球上，既然来了就不能坐板凳，更不要轻易失去这次机会被淘汰回去。我是个比较好强的人，只要干事就要把它干好。

我的努力没有白费，1961年底队伍调整，我们那批调来国家青年队的队员中，最终留下来进入国家队的只有我一个。其实论条件我是最差的，跟我一样从贵州来的一个身高1.88米的队员回去了，其他好几个省市的队员也回去了，我这1.64米的却留了下来，而且是唯一的一个。

我进国家青年队以后，教练把我当组织后卫这个角色来培养。以前我打球满场飞，东抢西断的，这个时候身份变了，不是自己攻，而是组织全场进攻。我估计教练也是看中我能跑能跳能组织，打球动脑筋。当组织后卫要考虑全面一些，除了个人技术，还要考虑全队攻防的问题，单打的时候怎么打，全队作战怎么打，对方联防怎么打，对方盯人怎么打，对方全场紧逼怎么打，等等，各种情况都要考虑。作为一名组织后卫，这些都是我的职责和本分。

到国家队以后，我是李世华的替补，她是主力队员，担任组织后卫，比我大5岁。两年以后我进入主力阵容，就接替她担任组织后卫。

在国家队的时候，我很崇拜国家男篮的钱澄海，他就是打组织后卫的。那时候条件有限，场地不够。训练馆有三块场地，旁边一块供乒乓球队训练使用，其他两块供国家男篮和国家女篮使用，训练的时候互相都看得见。我是小队员，他们都叫我"小丫头"。我认真观察钱澄海哪些地方做得比较好，就模仿他，琢磨他的那些动作和技战术，比如急停跳投、以多打少、中间分球等。这事我一直都没告诉过他，算是偷学。我打球比较爱动脑子，后来总结了一些规律，比如场上有两个人防守时我应该往哪儿走，一个人防守时我应该怎么走，三个人防守时我应该怎么走，基本上我脑子里边都有对策，打起球来比较自如。

当时国家女篮主要是跟东欧国家的队伍打，在国际比赛上胜多输少，水平很高。那时候国际上比较强的队伍是苏联队、捷克队、南斯拉夫队，我们之间互相都有访问，苏联我去过几次（图1），东欧国家我也都走遍了，有时他们来访问。打苏联队我们输多赢少，打捷克队不相上下，有时我们打三场能赢两场，南斯拉夫队也不错，其他的如匈牙利队、罗马尼亚队、保加利亚队，我们基本上都能赢。国家女篮在当时是世界前三名的水平。我们跟古巴关系不错，古巴邀请我们去了几次。那个时候中国还没跟日本、韩国建交，中美关系好转也是20世纪70年代的事了，1971年美国队来访，我们赢了，在首都体育馆。外国队来访，

图1　1962年访问苏联莫斯科（中排左二为田文惠）

我们接待也会搞点联欢活动，都是集体的，偶尔我们还陪着他们到长城去游览。

客观来讲，在国外打球跟在国内不一样，裁判吹哨的尺度、场地适应的情况，包括吃、住等生活条件都不同，这方面我深有体会。在国内我们把握天时地利人和，正常发挥就行了，到国外就需要打得更好一些。在国内能赢的比赛，到国外不一定能赢，没有一定的差距想在国外赢，是很困难的。

我们跟某个队打比赛，尤其是布置战术的时候，肯定要研究对手的习惯打法是什么，要动脑子去打。对手的资料有些是科研所提供的，有些是教练出去看比赛得到的，对抗性项目就是你强我弱、你弱我强，互相制约。此处附上两张在国外比赛的精彩图片（图2、图3）。

图2　1971年在国外比赛（右一为田文惠）

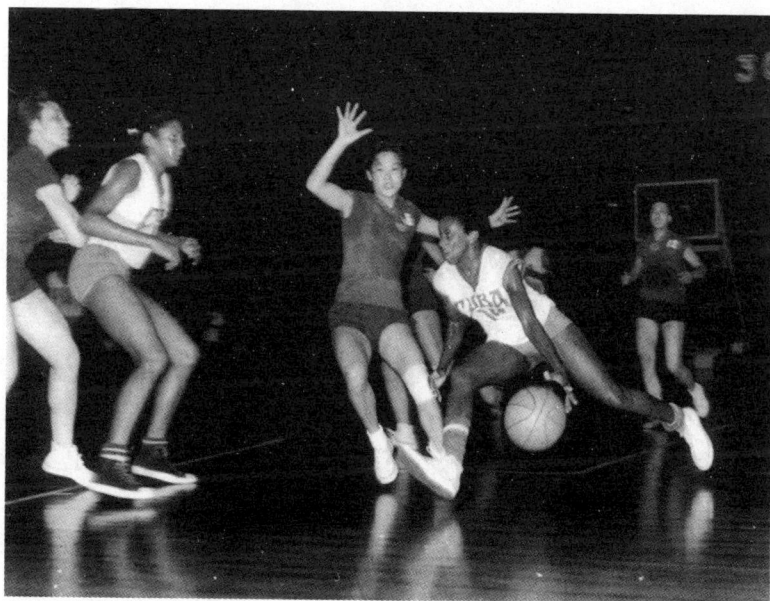

图3　1971年在国外比赛（中为田文惠）

1973 年，我们参加意大利第 8 届"海峡杯"邀请赛，该比赛在意大利南端的一个岛上举行。那年我已经 31 岁了，在队里是老队员，运动队当时的指导思想是"以老带新，以新为主"，让年轻队员主打。第 8 届"海峡杯"邀请赛虽然只有 4 支参赛队伍，但各队的实力都比较强，我们的比赛打得很艰苦。有一场关键性比赛，如果输了我们就是最后一名，赢了就是亚军。本来应该让年轻队员主打，但教练一看实在不行了，便把我派上去带着她们打，我上场后场面确实有所改观，局势有所扭转，我们队赢下了比赛，获得了亚军。第 8 届"海峡杯"邀请赛我就打了这一场球，还被评为"最佳后卫"。颁奖时我闹了个笑话，我不知道还颁个人奖，没想到要去领奖，加上又是用外文宣布的，我也听不懂，当时没有任何反应，后来翻译告诉我，我才明白要去领奖。对最佳后卫这个奖，我也没什么感觉，没把它当回事，具体领的什么样的奖杯我也忘记了。

三、步入新生活

我在国家队的主要教练有杨福鹿、周懿娴、胡利德，他们各有特色和风格。杨指导考虑全局多一些，肯动脑子；周指导主要抓个人技术；胡指导属于平和型的。其中周指导给我印象比较深，她练我们练得狠，一堂课要有三个极限。所谓极限，就是累得趴在那儿动不了，这是学习大松博文的"三从一大"。每次训练我累得不行了，球还是继续往身上砸，我还得把球接住，我就有点受不了，心想怎么还不停，也不让喘口气。当时累极了，我还有些抵触，但后来想想也知道教练这是为我们好。

1970 年我 28 岁，结婚了。我结婚以后还带着年轻队员打球，后来发现怀孕了，但为了事业我打掉了那个孩子。1974 年我再次怀孕，选择退役生下女儿。我退役后先是到机关工作了两年，然后由于"文化大革命"期间的一些事情被审查下放，1982年才回到国家体委。当时李梦华主任安排我的工作，我说我非常希望继续从事篮球工作，但是国家队教练编制已经满了，又没有青年队，机关篮球处也没有编制，所以我就去群众体育司从事青少年业余训练的工作，像这样的安排对我算是比较好的了。

群众体育司的工作范围广，接触层面多，省、市、县都有，要经常出差到基层去。工作内容是全新的，跟以前完全不一样，我没有接触过。我刚读高一就去专业队了，没有上过大学，所以新的工作我得从头学起。我不断学习，工作上的事情慢慢就入门了，包括起草机关公文、写讲话稿这些事情，基本上都是自己弄。青少年体育工作涉及田径、游泳、乒乓球、三大球等9个项目的竞赛训练，包括组织国内外的青少年体育交流、全国比赛、体育运动学校的比赛，还有体育运动学校的创建、检查评估等，都在我们的业务范围里面。我在业务这方面还算可以，下面单位对我的工作是肯定的，尤其业余体校这一块，从我来以后有了起色，比如制定各类体校的章程，创建运动学校，建设各类体育传统学校、体育运动学校等，从小培养，抓好苗子，打好基础，系统训练，在这些方面我做了许多创新和完善的工作。现在这个部门已经从群众体育司独立出来，成了青少年体育司。

我到群众体育司工作几年后，组织上询问我是否需要调动一下，回去再搞竞技体育工作？那时我的观念已发生变化，我感受到了青少年体育工作的重要性，对它产生了浓厚的兴趣和深厚的感情。另外，我跟同事们相处得也很好，我就决定留在这里。我一直在这个地方工作了20年，直到2002年退休。

现在，我退休也将近20年了，回顾走过的路，我的篮球生涯从1958年进贵州队到1974年从国家队退役，整整经历了16个年头。作为职业篮球运动员，尽管我的身高没有优势，但整体成绩算比较出众，我获得了"新中国体育开拓者"荣誉章（图 4）和"新中国篮球运动杰出贡献奖"（图 5）。我个人认为，打篮球既要有天赋，也要靠勤奋。我觉得我的天赋是跑跳素质和肯动脑子，除了身高以外，那个年代篮球运动员需要的素质我都不缺。打球不动脑子是不行的，体育运动不完全是靠拼身体，对抗性球类项目都有制约和反制约，怎么样把自己的特长发挥好，把对方的特长制约住，要在这方面动脑子。另外就是勤奋，天赋再好，不勤奋、不刻苦，也是不行的，是成不了尖子的。当然，还值得一提的是，要经得住伤病的磨砺。运动员难免出现伤病，尤其是各种创伤。我就曾经出现过鼻骨骨折、多次膝关节半月板和侧副韧带损伤、身体多个部位的撞击伤和肌肉拉伤等，好在我都艰难地走过来了。

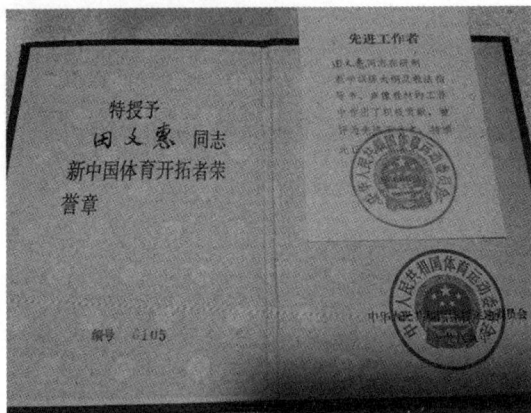

图 4 "新中国体育开拓者"荣誉章　　图 5 "新中国篮球运动杰出贡献奖"证书

田国庭的篮球故事

田国庭，男，1942 年 8 月 17 日出生于浙江省绍兴市上虞区。1958 年起从事篮球裁判工作，1965 年被批准为篮球国家级裁判员，1978 年被国际篮联批准为篮球国际级裁判员，执裁 100 多场国际篮球比赛。曾任中国篮球协会竞赛裁判委员会副主任，中国篮球协会委员，江西省篮球协会主席，江西省体委竞赛处处长，江西省体育科学学会常务理事，江西省企业家协会常务理事，

田国庭

江西省第五届、第六届、第七届人大常委会常务委员。1999 年获"新中国篮球运动杰出贡献奖"。

访谈时间：2021 年 3 月 16 日
访谈地点：南昌·江西省
　　　　　体育宾馆
受 访 者：田国庭
访 谈 者：孟滢
撰 稿 人：孟滢
访谈助理：孟涛

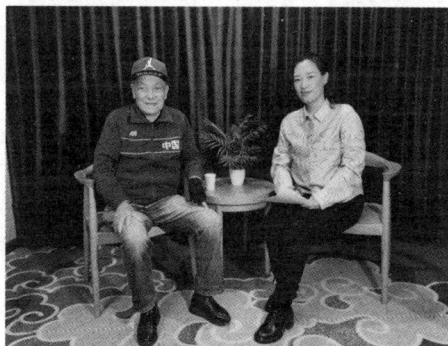

田国庭（左一）与访谈人员合影

一、与篮球步步结缘

1942 年，我出生在浙江省绍兴市上虞区。年少的时候，在学校里我就对球类运动产生了浓厚兴趣，篮球、足球我都特别喜欢。所以 13 岁时，我就开始学习篮球，在上海市卢湾区少体校篮球队打球。

1958 年，16 岁的我开始从事篮球裁判工作，我参加了第一届至第五届全运会篮球比赛的裁判工作，在第三、第四、第五届全运会担任篮球比赛的副裁判长。1962 年我晋升为篮球一级裁判员，1965 年被批准为篮球国家级裁判员。1978 年 6 月，我被国际篮联批准为篮球国际级裁判员。

1959 年江西省体委把我从上海招到江西，进入江西省体委，到现在已经 60 多年，我很少离开过江西。

1960 年以后，我回了一次上海，去了卢湾体育馆，从那里带了五个女篮运动员来江西，让她们加入了江西省的女子篮球运动队，搭配一些从山东找来的运动员，还有原本江西的老运动员，就这样组成一支队伍，代表江西女篮去参加全运会。她们通过自己的努力，连续五届比赛进入决赛，可真是为江西省争了光！

在我 60 多年的体育工作生涯中，江西省各级领导对我一直很是关心和支持，我还加入了中国共产党，我的党龄已经将近 60 年了。在江西省体委大院中，我是第一个省级劳动模范。

在教学工作上，我曾被北京体育师范学院①、武汉体育学院聘为篮球客座教授。我还曾参加篮球规则和裁判法的撰写工作，发表了裁判员临场技巧等方面的文章，是中国体育科学学会先进工作者。

---

① 北京体育师范学院，2000 年 5 月更名为首都体育学院。

我与篮球的缘分很深，我的事业就是篮球事业。

二、走上篮球裁判之路

1958 年，我开始从事篮球裁判工作，但真正被批准为篮球国家级裁判员是 1965 年。

我参加了第一届至第五届全运会篮球比赛的裁判工作，也在包括第 6 届亚洲青年篮球锦标赛（男、女）、第 1 届世界青年篮球锦标赛（女）、第 10 届亚运会篮球比赛在内的 100 多场国际篮球比赛中执裁过。

关于篮球国家级裁判员的考试，那时候因为比较早，还没有文字形式的试卷考试，就是考官当面向你提几个问题，现场回答，如果考官觉得回答得不错，他就批准了。

1978 年 5 月，我作为中国篮球教练员、裁判员代表团成员，到罗马尼亚的布加勒斯特参加国际篮联举办的第 26 届欧洲国家级教练员、国际级裁判员培训班，培训班有来自 30 多个国家的教练员和裁判员参加。

那时候，国际篮联规定在罗马尼亚进行国际级裁判员考试，我被选派代表中国到罗马尼亚去考试。

就这样，1978 年 6 月，我被国际篮联批准为篮球国际级裁判员，我们一行共 8 人，其中，领队 1 人，参加考核 7 人，7 人都通过考核，这 7 人成为中国第一批篮球国际级裁判员。这 8 个人分别是申恩禄（任领队）、郭玉佩、孙尧冠、高才兴、罗景荣、吴惠良、张雨生、田国庭。图 1 是部分中国第一批篮球国际级裁判员的合影。

当时的考核，国家派出的不只是裁判员，还有教练员，那时候的杨伯镛、钱澄海都是从北京来的教练员，他们是来参加教练员培训的。

图1 部分中国第一批篮球国际级裁判员的合影（从左至右，前排是罗景荣、吴惠良、张雨生，后排是高才兴、孙尧冠、田国庭）

中国的第一批篮球国际级裁判员、第一批篮球国家级教练员都出现在那个时期。

1978年去参加篮球国际级裁判员培训班是我们第一次出国，心情很激动。我记得在篮球国际级裁判员培训班中，学习规则不是主要的，让我们了解奥运会国际篮联组织篮球比赛的一些概况才是主要目的。培训期间，首先由专家讲课，当时的国际篮联秘书长为培训班亲自授课，我们学习后直接参加考试，正如前面所说，考试采取的不是文字形式的试卷考核，是围绕比赛中的问题进行口头考核。

培训圆满结束，我们回国后，国内各大报纸都对我们进行了报道。

三、我的执裁风格是"哨声果断"

我总结自己的执裁特点是反应快，处理场上一些疑难问题的能力强，吹哨子很果断。

回国以后，有时球场里没人吹哨子当裁判，就让我和高才兴两个人去吹。有趣的是，我们一去吹哨子，他们教练就说："今天是田老师跟高老师来吹哨子啊，你们不该做的动作就不要做了。"可见我们的场上执裁还是很有震慑力的。

我一直关注国内篮球裁判的发展，特别是裁判员的素质。我认为他们需要提高的方面是公平、公正、认真执法，严格抓故意犯规动作，判罚要精准。裁判吹哨子，要吹在关键点上，这个点需要自己通过长期观察才能找到，只有观察到位，反应才能快。比如运动员做了一个故意动作，这时哨子响了，这就叫吹到关键点上。

裁判现在改成 3 人制了，场上打了什么战术你要清楚，球老往你这边来，你就要注意了。首先看清脚下，再看清手上。裁判工作是项技术活，比如江苏队和上海队比赛，那时候两个队是老对手，场上对抗十分激烈，别人当不了裁判，最后只能我和高才兴来吹。我俩吹得严而且准，能控场。

我和高才兴是老搭档了（图 2），赛场上，我们两个配合默契，眼睛一看就心领神会。比赛一开始，裁判首先进场，进场以后就站在记录台对面，运动队坐在两边。裁判哨子一响，运动员就入场了。我们两个人当裁判，眼观六路，耳听八方。

图2　1990 年第 11 届亚运会期间田国庭（左）和高才兴（右）

　　我们是很多年的朋友。他原来是安徽的，在安徽的时候，参加华东地区比赛，我们就认识了，现在我们真是比亲兄弟还亲。

　　我们一起出去当裁判，都不介意介绍顺序。介绍时，因为高才兴比我年长，我说："你们先介绍高才兴，再介绍我。"他那边也这样讲。我们的感情是很真诚的。我很珍惜和他的关系。

四、推行裁判制度改革——从 2 人制到 3 人制

　　中国篮球事业的发展，有一个关键的变化，就是篮球观众变多了。早些时候，篮球比赛主场少，没有外援。当时为了提高 CBA 的工作水平，我们想邀请国外的裁判来执裁比赛。因为篮球的发源地是美国，美

国又有 NBA，我们就从美国请了一位外国老师来当裁判，也就是外援裁判。但是，外援裁判来的真正目的不是帮中国篮球队提高水平，他是来赚钱的。

外援裁判虽然请来了，但是比赛出了很多问题。无奈后来又找到我跟高才兴两个人，我们商量后决定，我去上海当技术代表。技术代表在比赛中的职责主要是监督记录后台人员的工作，并协助主裁判员和副裁判员使比赛顺利进行。

1994 年以后，好多球队开始引进外援，2 人制裁判法存在一些难以解决的问题，初现弊端。好多人也提了出来，于是相关人员就到北京开会研究。但是会后还遗留了很多问题，国家体委相关领导便找到我，让我考虑这些问题怎么解决。

1999 年，国际篮联中央局会议通过决议，将于 2000 年奥运会之后在国际篮联举办的正式比赛中实行 3 人制裁判法。

根据这项决议，我提出了自己的想法：篮球现在越打越先进，水平越来越高，加上有外援，我们现在可以把 2 人制裁判改成 3 人制裁判，不然篮底下看不清楚。3 人制裁判就是有前导裁判、中央裁判和追踪裁判。

就这样，裁判由 2 人制改革为 3 人制，因为 2 人制已经不适应现在的比赛需要了，我们需要跟上奥运会的发展。

CBA 裁判制度由 2 人制到 3 人制的改变其实也促成了全国 CBA 体制的形成。

我当时是中国篮协竞赛裁判委员会的负责人。3 人制裁判法一出台，我感觉还是有问题存在。于是我认真琢磨并提出：裁判应该站在 3 人制的角度上，去想怎么样找好自己的位置，找好自己的角度。因为现在的篮球比赛很复杂，各种各样的动作越来越多，运动员的水平越来越高，移动也越来越快。特别是现在有了外援，情况就更复杂了。而且对于一些有攻击性的动作，如果裁判不处理，运动员就会跑到记录台，找技术代表。但是技术代表只能看电脑，并与裁判沟通，这样也会产生麻烦。

现在的球赛，打得确实很激烈，我就想了一句话来督促我们的裁判，即"在你的管辖之内，上前一步一清二楚，退后一步广阔天地"。

五、不遗余力推广体育竞赛

在我的体育工作生涯中真正让我感觉有价值、有意义的，就是搞体育竞赛。

我 17 岁到了江西，19 岁就开始参与竞赛工作了。

1997 年江西省体委觉得我光当裁判不行，建议我开始搞竞赛工作。所以从进江西省体委竞赛处的那一年起，我就开始负责体育竞赛工作，后来还管理了四年半的江西省体育文化协会。

当时这个协会成立以后，有人来采访我。我说我成立这个组织，指导思想只有三句话：第一是继续促进江西省篮球事业的发展；第二是提高江西省篮球运动的水平；第三是促进江西省体育产业的发展。这三句话到现在可能都是非常重要的。现在所有的系列联赛，包括男、女队出门打比赛，可能都要挂牌（与企业合作），体育赛事与体育产业紧密结合。可见我那个时候讲的这三句话，是有一定价值的。

六、广东清远的一次考察

1994 年，中国篮球联赛职业化的前夜，杨伯镛计划进行中国篮球联赛赛制改革，考虑再三后他找到了我，安排我牵头负责这一重要任务。所以，我去广东清远考察，觉得这个地方很不错，很适合组织比赛,可以重点发展篮球赛事。条件合不合适,群众是很重要的因素。于是我们就在清远举办了一次中国篮球锦标赛,这是一场表演赛。

双方队员都是在全国范围内选派的,比赛名称就叫"清远篮球锦标赛",相当于国家组织的比赛,而不是广东省组织的。比赛的氛围很好,观众热情满满,掌声也很热烈,把当地群众的积极性调动起来了。

这次考察的结果有两个,一是篮球精神有传承;二是有群众基础,氛围好。用一句话总结就是"观众踊跃,都喜欢篮球"。而且清远那个地方的人普遍很喜欢篮球,这一场表演赛也促使他们成立了自己的篮球队伍。

考察回来后,我们汇报了清远篮球锦标赛全场爆满的情况,认为现在可以组织一个联赛——CBA,经过认真调研和反复讨论,在大家的努力下,凝结着集体智慧的主客场制 CBA 就此诞生。中国的 CBA 已经进行将近 30 年了。它的来源就是清远这场表演赛。后来 CBA 设立季前赛、常规赛和季后赛,都有我的点子在里面。

清远的这次考察对推动中国篮球事业的发展意义非凡。

七、我与龚培山的相识

在我的篮球事业当中,有个人让我印象很深刻,他就是龚培山。他是中国人民大学的教授,也是篮球国际级裁判员,年龄上他是我的老大哥,但按裁判员经历来说,我又是他的大哥。因为他也是裁判员,我们自然就相识了,关系也很好(图3)。

图 3　1984 年国内部分篮球裁判员合影（从左至右依次是：田国庭、祝明星、刘荷生、龚培山、高才兴、戴云飞）

　　20 世纪 70 年代知识青年上山下乡，龚培山提出要去江西上山下乡。1970 年，我请他到江西省女子篮球队当临时篮球教练，在江西待了大概一年多。他回到北京以后，第 7 届世界大学生运动会即将举办，中国未派代表团参加。从那时起，他就开始思考中国大学生运动队伍的培养问题。之后，龚培山参加第 12 届和第 13 届世界大学生运动会的经历，更加坚定了他的想法。龚培山一直和高校有关人士组织大学生篮球联赛。1996 年，龚培山提出了"发展高校篮球，培养篮球人才"的口号，继而成为 CUBA 赛事的发起人与倡导者之一，把中国大学生篮球运动推向了一个前所未有的高度。

　　CUBA 一年有两次训练班，上半年的训练班在全国各个大学里面举办，教授有关篮球的知识。上半年是我讲课，下半年由龚培山讲课。

八、站好最后一班岗

我是 64 岁以后才退休的。我的一个观点是活到老、学到老。我立志站好最后一班岗，不光为了我们国家的篮球事业，为了体育事业也要站好最后一班岗。

2010 年 3 月，我以江西省篮协主席、中国首批篮球国际级裁判员、CBA 资深技术代表的身份，出席了一次裁判员培训班及座谈会。培训班及座谈会在厦门市杏林文体中心举行。厦门群众的文明程度令我特别感动，厦门裁判员的素质很高，也很好学，这种精神难能可贵。

2020 年底，国家体育总局和中国篮协把少儿篮球运动学校的工作交给我负责，下发了文件，我现在把这个任务交给李爱军继续推进，他现在是江西省体校的校长。我跟他讲，中国少儿篮球运动学校现在就要开始做准备了。

江西省要建立少儿篮球运动学校是有基础的。现在很多家长都喜欢让孩子去学篮球，我家附近就有一个少儿篮球运动学校，可见其重要性和普及性。

对于青少年而言，我们更注重打好基础。基础造就人才，我是这样想的。而且现在的青少年很多是独生子女，家长对青少年的培养很重视。这样的运动学校可以锻炼青少年的身体，可以通过打篮球培养他们的兴趣。

对我而言，站好最后一班岗主要是管好竞赛，这一班岗我站了一辈子，一些大型活动都是我开创的，我算是中国有名的竞赛专家（图 4）。当年国家体委综合司撤销后，那么多项目、那么多人怎么办？我产生了一个想法：各个项目都按照奥运会项目要求，成立项目中心，18 个项目就有 18 个项目中心，这就解决了人和项目多的难题。

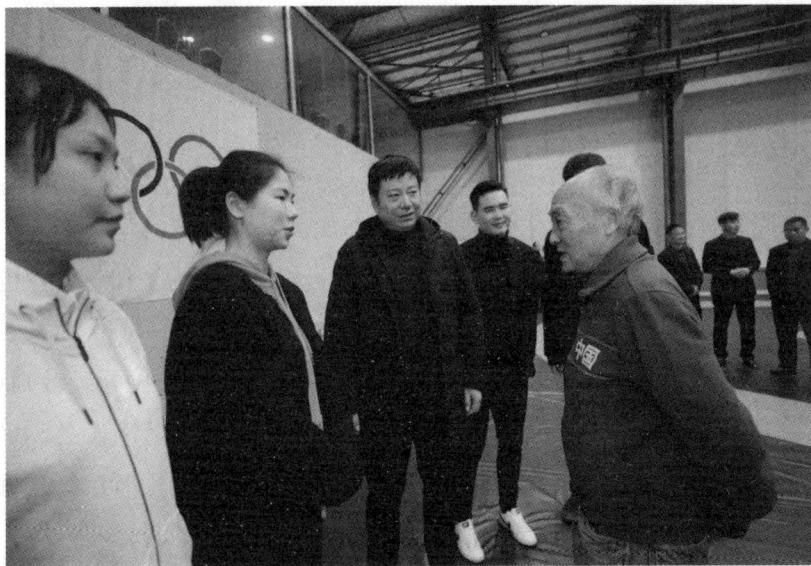

图 4 2021 年江西省篮球技术代表、裁判员复试认证培训
（前排右一为田国庭）

　　篮球在所有项目当中是一个比较有历史的项目。如果中国篮球博物馆建成开馆，我认为对子孙后代是很有意义的。中国篮球博物馆可以让人们了解篮球的历史，了解国家整个篮球事业的发展，对未来篮球运动的发展影响深远。

匡鲁彬的篮球故事

匡鲁彬，男，1956年出生于广西壮族自治区南宁市，运动健将。1972年进入武汉部队队，1978年进入八一队、国家队，1978年获亚运会冠军，1979年、1981年、1983年三获亚洲男篮锦标赛冠军，1981年获亚洲男篮俱乐部锦标赛冠军。1977年、1978年、1981年、1982年、1984年和1985年六获全国男篮甲级联赛总冠军，1979年获全运会冠军，1988年退役。1989年至1991年任八一青年男子篮球队主教练和国家青年男子篮球队教练，1992年从八一队转业到国家体委篮球处，1995年至1997年任篮球处副处长，2001年至2006年任国家体育总局篮球运动管理中心运动队管理部和国家队管理部主任，在任期间多次担任国家级队伍领队。1999年获"新中国篮球运动杰出贡献奖"。

匡鲁彬

访谈时间：2021年4月13日
访谈地点：北京·匡鲁彬家中
受 访 者：匡鲁彬
访 谈 者：刘 欣
撰 稿 人：刘 欣
访谈助理：杜晨晨

匡鲁彬（中间者）与访谈人员合影

一、篮球生涯有波无澜

我 1956 年出生在广西壮族自治区南宁市，国内很多老一代的球迷只知道我是从黑龙江出来的，并不知道我的出生地，这里涉及我父辈的历史。我父亲在解放战争时期参加了解放军第四野战军 39 军，随军南下打到广西，后来就留在广西，在那里成家，我就出生在那里。我在广西待到 10 岁，1966 年，我父母亲工作忙，我跟妹妹没人照管，鉴于这种情况，父亲决定把我们两个一起送回东北老家——黑龙江省呼兰县，这是我父亲出生的地方，现在这个地方已经归哈尔滨市管了，叫呼兰区。

我小学阶段在广西接触的体育项目是乒乓球，那个时候看了一本书叫《乒乓群英》，因为当时中国在乒乓球项目上拿了世界冠军，那一代人都很关注，所以小学期间我在学校里是打乒乓球的。我到了黑龙江以后，从上中学开始，遇到了我的体育老师，就是我的启蒙老师，叫冯常国。他是学田径的，县里开运动会他都报名 800 米、1500 米，但是他也很喜欢篮球。

初三的时候，我和三四个同学身高比较高，都在 1.8 米以上，他把我们几个组织起来，教我们打篮球，那时应该是 1970 年。早晨我们提前到校，六点多开始打，早饭后上课。高中以后，我们组成了一支队伍，开始了正式的球队式训练。1971 年我入选松花江地区队，参加黑龙江省的一个青少年篮球比赛，那是我第一次参加比赛。

我进入篮球专业队也是很偶然的。1972 年 10 月，冯常国老师让我跟他一块去趟哈尔滨。他要带县里的两个女队员到哈尔滨去，让武汉部队队（以下简称武部）的领队测试，那个时候很多青年人都觉得到部队专业球队打球是非常好的机会。当年 10 月正在进行全国篮球联赛，哈尔滨是一个赛区，武部正在那里比赛。武部女篮刚组建，那两个女队员条件很好，如果到武部肯定能打主力。冯老师觉得这是个机会，就叫我一起去，因为我喜欢篮球，在几个同学里边年龄最小，他觉得我将来有可能打出成绩来。

当时武部的领队是位名人——"篮球元帅"余邦基，两位女队员顺利通过测试后，冯老师说："我这还有一个男的，也测试。"其实我当时的水平肯定不行，冯老师让我跟着去就是试一试，没想到余指导居然同意收下我，后来他跟我说为什么同意把我加上，他考虑进部队之后，如果我在专业队打不出来，就把我分配到基层当兵，这也是个出路。

正好高中毕业，我觉得到部队打篮球是个机会，回到家里跟奶奶和叔叔一说要当兵了，他们很惊讶，也很支持。父母远在广西，我根本就没有征求他们的意见。武部在哈尔滨打完比赛以后，我和那两个女队员就一起跟着队伍走了。先是到了北京，北京比赛完就去了武汉。从1972年10月到1978年1月，6年时间我一直在武部男篮打球。

在武部那几年，我经历了一些波动起伏。刚到队里时，根据我的年龄和水平我应该是在青年队，武部后来陆续又招了三四个人，我们几个的情况一样，但是武部没有组建青年队，所以我们就一直跟着一队①一起练，每年一队参加联赛，我们就跟着，到了1974年底，全国联赛打完，我们这几个年轻人都没能参加。那时队伍要调整，一个老队员告诉我说："小匡，这次调整不一定能留你了，可能要让你到下边省军区或者野战军去，你有个准备。"老队员这么一说，我当时就感觉我的篮球生涯可能到此为止了，我对此也确实做好了思想准备。

---

① 青年队称为二队，一队指武汉部队队。

事情发生转折是在 1975 年。1975 年 1 月各队的一队都在八一队所在的红山口冬训，就在这一年，国家体委颁布了一条篮球政策，为了更好地培养年轻队员，做好新老交替，从 1975 年开始，所有参加全国比赛的队伍中，12 个队员里只允许有 3 个 22 岁或 22 岁以上的老队员，其他的都需要 22 岁以下的。政策一颁布，情况就变了，当时武部到北京去冬训的队员，几乎全都在 22 岁以上，于是武部赶紧通知我们几个年轻人不要走了，赶到北京参加冬训。我就这样被留下了，坐火车到北京，正式参加了一队的训练。

图1 1977 年全国男篮甲级联赛
（右一为匡鲁彬）

在武部，我遇到了我篮球生涯中一个非常重要的人——陈宝珊。刚进队时他是我们的队长，1973 年八一队重建时他调回八一队，1975 年他退役后到武部男篮任主教练，他对我的成长发挥了很重要的作用——无论是技术上还是战术上。那个时候他带着我们那批年轻人，在 1977 年拿下了全国男篮甲级联赛的冠军（图 1），这是我的第一个全国冠军。

说实话，我是因为政策留在武部打球的，正好赶上陈宝珊指导回来接手带我们，这支队伍很快就拿到了全国男篮甲级联赛的冠军，这些在之前对我来说都是无法想象的事。我们拿到冠军跟领导的重视有很大关系，当时武汉军区的司令员是杨得志，政委是王平，他们两人都喜欢篮球。我们训练时，他们就坐在训练场的主席台上看，对体育工作大队的支持力度很大，再加上我们那批人确实训练得很刻苦，所以拿到了全国男篮甲级联赛的冠军。

1978 年我接到两个调令，一个是八一队的，一个是国家队的。1978 年 2 月，八一男篮队伍调整，总政治部（全称为中国人民解放军总政治部，现已改为中央军委政治工作部）下调令调我去八一队。国家体委组建国家男篮，也发了通知调我到国家队。因为我是军人，必须先到八一队报到，完成八一队的任务，那年上半年国家队的集训我就没参加，后来国家体委跟八一队这边协调得比较好，下半年我就进国家队了。此后基本上八一队的任务和国家队的任务我都是同时执行，没有耽误。也就是说，从 1978 年到 1989 年退役，我在八一队待了十来年，在国家队是从 1978 年待到 1984 年洛杉矶奥运会结束。我的篮球运动员生涯基本上是在八一队和国家队这两支队伍中度过，此前是武部给我打了一个非常好的基础。

二、防守突出，攻守兼备

在武部的时候，自八一队重建以后，进八一队就是我们的最高理想，我根本不敢想能进入国家队。我在武部的时候算是能力比较突出的，陈宝珊指导向八一队推荐我，他逢人就说："我有个队员，将来是奥运会选手。"八一队、国家队的队友们都觉得很荒唐，因为他说这话时，我们国家还没有重返奥运大家庭，再好的队员怎么可能是奥运会选手。我们国家是 1979 年回归奥运大家庭的，没想到后来我真的参加了 1984 年洛杉矶奥运会，真是让陈指导说中了，可见陈指导的想法是超前的。我进国家队时年龄小，只有我和后来的郭永林参加了奥运会，其他老队员如张卫平、黄频捷、王德礼、柳继增、王宗兴、张大维等都错过了参加 1984 年洛杉矶奥运会的机会。[①] 有时候跟他们聊天，这批老队员都觉得没参加过奥运会，挺遗憾的。

我到国家队时，刚才提到的那些人都是国家队的主力队员，在我眼里他们都是我的偶像，我们都没有面对面说过话，所以来到这个集体里跟他们在一起打球，在几年前是不可想象的，我总觉得好像做梦似的。

刚进国家队打球时我没什么心理负担，前面有这么多老队员，关键时候有他们，我全力以赴就是了。打好了接着打，打不好老队员顶着，那时候想得很简单。年轻队员打球真的是没压力，上去打好了就多打一会儿，打不好，就被教练换下来，下来总结。等成为主力了才会有压力，责任心越强，责任感就越重，压力就越大。我在武部打主力，到了八一队经过短暂的过渡又是打主力，到了国家队不到一年的时间，经历了 1978 年在菲律宾举行的第 8 届世界男篮锦标赛之后，我到年底当上主力，第一次拿到了亚运会冠军（图 2）。

图 2　1978 年泰国第 8 届亚运会决赛
（右一为匡鲁彬）

---

①　1980 年奥运会在莫斯科举行，由于 1979 年圣诞节前夕苏联军队入侵阿富汗，许多国家的奥委会相继表态，拒绝参加。中国奥委会也发表声明，不参加莫斯科奥运会。至 1984 年洛杉矶奥运会时，很多优秀运动员的巅峰期已过，遗憾地失去了登上奥运赛场的机会。

我在国家队的教练是钱澄海，他既然调我进来，肯定是看到了我的优点。当时武部有两个主要得分手，一个是我，一个是郭永林，外界给我们起的外号是"哼哈二将"。我们两个每场得分占全队一多半。我进国家队第一天，钱指导对我说了一些话提醒了我。他说："小匡，我把你调到国家队来（那次没调郭永林），看中的是你攻守比较平衡，实际上如果要论进攻投篮，小郭比你强，调你是因为你会防守。"

我在武部是打前锋的，到了八一队，年年打国际比赛，那年在长春打瑞典队，让我打一号位，我打得也不错，但这是临时的变阵安排。因为当时八一队打一号位的运动员在全国是最强的，有吴忻水、姜志明，以及后来的马连保，如果我固定打一号位，他们小个子就不好打了。其实我是在一号位和二号位之间转换，三号位也能打。

在武部时，陈宝珊指导要求我们训练要六亲不认，对抗训练拼得很凶，此时恰恰有一个对手经常和我一对一过招，他就是郭永林。郭永林是全国著名得分手，一般人都防不住他，但是我天天在队里防他，无形中提高了个人防投手的能力，所以说武部的训练给我打了很好的基础。后来在国际比赛中，比如在世界男篮锦标赛上钱指导让我防韩国队的投手，打多米尼加队也让我防投手，还是因为我个人的防守能力比较强。而且在那个年代，我1.93米的身高在国内这个位置算高的，有优势。当然，后来打到国际比赛，身高还是比别人矮一些。

虽然我有"神投手"之称，但我自认为我的技术风格是把防守排在第一位。无论是在武部还是八一队，队里的第一得分手都是郭永林，很多比赛按现在这种技术统计，我能在得分榜上保持前三名，但肯定不是第一。而篮板球、封盖、抢断这些方面，我肯定是全队第一。当时有个理念，在高水平队伍里，能打上主力，光得分不行，你防不住人家不行。所以为什么教练强调要攻守平衡呢，你投不进没关系，但是你能防住，你能抢回来，起码就不赔。

三、印象深刻的两场比赛

1984 年洛杉矶奥运会（图 3）之前队伍集训，体检时我被查出心脏有点问题，心电图不正常，通俗讲是有点间歇性供血不足，运动强度一大，呼吸、脉搏就不规律了。但我能保持正常训练，而且明确地表示无论如何得参加奥运会。钱指导有意识地调整我的训练，但对我来说有时候训练强度确实大了些，感觉有点力不从心，做动作总觉得那个劲儿差那么一点。即使这样，打巴西队的时候钱指导问我："你行吗?"我说："行。"

图 3 1984 年洛杉矶奥运会中国男子篮球队全队合影（前排右四为匡鲁彬）

首发出场，钱指导让我防奥斯卡。奥斯卡跟我算是一批的，1978

年我在菲律宾世界男篮锦标赛上见过他，巴西队那年是世界第三，他是巴西队的主力，后来奥斯卡到欧洲打球。他是巴西队第一得分手，他的得分纪录基本上很难被超越。奥运会之前通过一些比赛，我们对奥斯卡有所了解，包括他的个人技术、动作特点等，比赛中我防他，结果上半场他只得了2分，还是罚球得的。但是上半场打完，我体力不支，下半场钱指导就没让我上，换别人防他。

奥斯卡得分的主要手段是投篮，而且中、近、远距离投篮都可以，但是他投篮时跳得不高，动作速度比较慢。他身高2.05米，我1.93米，差十几厘米，防他时我犯规的可能性很大。经过研究，我发现他真正突破上篮的次数很少，那么我可以给他造成错觉，让他感觉他总有机会投篮，想什么时候投就什么时候投，投篮机会很多。在这种情况下，预判很重要，我一旦预判他要投篮，就坚决起跳封他，因为他的弹跳速度比较慢，我空手跳总比他持球跳的高度要高。我封他并不是盖帽，我不犯规，只是在他出手那一瞬间起跳干扰他，他会感觉突然有一只手要蹭着球了，而且不知道这只手从哪儿冒出来，突然的干扰会影响他的动作，使他投篮投不进。所以他每次投篮我都能封他，影响他，成功防住他。那个罚球是因为他空切到篮下，我犯规了，他才有了罚球机会。

最终那场球我们输了几分，很遗憾。奥斯卡下半场一个人得了20多分，但是没办法，我的身体状况不太好。

另外一场印象比较深的比赛是跟来自中国台湾的飞驼队的比赛。

1984年八一队在马来西亚打第2届亚洲男篮俱乐部锦标赛，遇到了飞驼队，组委会反复研究后采取了控场的方式，就是无观众进场，场地里只有工作人员。

这是一场正式的比赛，非常关键。我们做了充分的准备，暗暗下定决心——只能赢，不能输。

可能是因为压力很大，也可能是因为不熟悉对手，开打后上半场我们一直落后，直到距离上半场结束剩下1分多钟的时候，我们还落后4

分。其实我很清楚我们的实力，关键时刻我连续抢到两个球，传给王非。那时王非刚进八一队，是年轻队员，我把球传给他，他上篮投中——上半场以平分结束。下半场我们越战越勇，没给对手喘息之机，一举拿下。最终我们以高出对手20多分的结果取得胜利。

飞驼队的教练原来是山东人，后来我们比赛碰面的机会多了，跟他慢慢熟悉起来，有时还会在一起唠家常。提起这次比赛他曾经难掩遗憾地跟我说："小匡，都怨你，搞得我一点面子都没有。"他说："全场球我输30分也没关系，上半场球哪怕你让我赢1分也好啊，起码赢了半场。"我笑着说："那可不行。"

四、永远难忘战友情

在八一队和国家队打球的这些年，我跟穆铁柱配合得非常默契，当然这也是经过磨合的。和我同一批调进八一队的有郭永林、李玉林、钱利民、王宗健，我们都是从各军区调进八一队的。那时候穆铁柱已经在八一队代表国家队打球了，我们都是小年轻，刚进去，对他都是仰望的。铁柱在场上比赛霸气十足，同伴犯了错误，他也不客气，大声叫喊，但不骂街。他一瞪眼，有的同伴就哆嗦，手足无措。

那时候训练大家都怕给铁柱传球，没有几个人能给他传好的。我却恰恰相反，铁柱把我当一个新人，对我很耐心，他给我示范，站在我的位置，告诉我怎么传。他说："小匡，你给我传球，别管我怎么接，你就玩命砸，你传多重，砸到我脸上是我的，你就奔这个方向砸过来就行了。你只要把球砸过来，就完成任务了，剩下我接不着是我的事，我的错误。"他这样一说，我放下了负担，能够放下心来给他传球。后来在一些比赛中经过慢慢磨合，我成了给他传球最好的同伴。

穆铁柱的位置是中锋，之前他左边的零度角，不管谁在那儿，只有一个任务——传球。后来我去了，通过一些比赛的磨合，在零度角位置上我可以传球，传不了还可以投篮，因为我能投进。这样就丰富了八一队的打法，教练也认可。

从业务的角度来说，给内线中锋传球，他不怕重球，因为能接，他就怕传飘球。为什么呢？中锋后面还靠着人，你的球砸着他，他拿着球可以做动作，如果球飘着来的话，他就要去接那个球，影响做动作。明白了这个道理之后就简单了，我球往你脸上一砸就是了。穆铁柱保证能接住，他一只手就能把球接住，而且把球举起来以后，像探照灯似的。我跟他最典型的配合就是，球传给他，他把球举起来，我一空切，到他的"灯"底下，他球掉下来我一接，拿球就上篮了。那年打华盛顿子弹队的时候就是这样上了个空篮，我们真是配合得很默契。

后来我们默契到什么程度呢？1983年香港第12届亚洲男篮锦标赛（图4），我们在香港打韩国队，穆铁柱一转身投篮，我就起跳，因为我们俩太熟了，他投篮都是打板。只要他一转身，很多人就围着他，我只要冲进去，看到他一出手打板，就提前起跳，球进了等于我白跳一次。如果球没进，我肯定能补进去，因为我提前跳了，马上就能够帮他补进去。

1978年我被调到八一队，1979年领导给了我第一个任务，给我加担子，让我当八一队的队长。那时当队长比较简单，就是上传下达，执行主教练训练和比赛的一些命令。当时余邦基指导也从武部调到八一队当副大队长，余指导也看好我当八一队的队长。我当八一队的队长时，八一队的那批队员都比我大。后来我又当了国家队的队长，是因为国家队的人员配置以八一队的队员为主，1979年在八一队集训，备战亚洲男篮锦标赛，既然我是八一队的队长，钱指导就让我当国家队的队长，从1979年一直到1984年洛杉矶奥运会，一直这么延续下来。1981年，八一队参加在香港举行的第1届亚洲男篮俱乐部锦标赛，获得了冠军（图5）。

图4　1983年香港第12届亚洲男篮锦标赛获得冠军

（前排左二为匡鲁彬，后排中间者为穆铁柱）

图5　1981年香港第1届亚洲男篮俱乐部锦标赛

获得冠军（左一为匡鲁彬）

八一队这批老队员，每个人都很自律，队伍的凝聚力很强。我们住在一栋楼里，一个单元里6间房，每间房住两个人。教练住在家里，在红山口，他每周日晚上会将下周安排拿给我，我就贴在我的房间门口。我还有叫起床的任务，6:30起床，我6:10就起来，6:30敲门喊一声"准备了"，大家就穿好衣服带好东西到楼下，集合排队去训练场。

那时穆铁柱在队里绝对是大腕儿，但他从来不迟到，只要叫到他，他马上就跟着到楼下一起排队，站在排头。队员们都特别有集体观念，人与人之间的关系真是不一样，老队员不会因为你年轻、资历浅，就看不上你。我跟老队员相处得都非常好，我把他们当老大哥，这种兄弟情、战友情一直延续下来。

1992年我转业离开八一队，从1993年一直到穆铁柱2008年去世，这些年间，每到春节，哪怕是初二、初三，穆铁柱、马连保、李玉林我们几家必须要聚一次。其实我们平常也不是经常联系，但就是有这种感情。在一起时大家谈往事，特别好。2020年马连保也突然离开了，在新疆因为心梗去世了，他们都是我的老大哥。每年聚会的人到后来越来越少，现在就剩我跟李玉林了，我们的感情真是不一样。

五、不同寻常师生情

在国家队时我的主教练是钱澄海（图6），一直是他，没变过。他对我的培养是有针对性、有重点的。我到国家队后练习不到10天，就跟着队伍到菲律宾参加世界男篮锦标赛。12个队员里我最小，第一场对战巴西队，大家都想赢，结果输了47分，国内震动挺大。那场球我根本没想到自己能上场，后来比分落后了二三十分时，钱指导让我上场。我想法简单，也不紧张，上去就打，结果得了20多分，自己也没想到。从那场球开始，钱指导有意识地每一场都让我有机会上场。第二场打波多黎各队，我们输了3分，我上场一分没得，但后边打意大利队、多米尼加队还都让我上场。打韩国队时钱指导用小个儿阵容，让我防对方最矮的一号位队员，后来我明白了，他在锻炼我的个人防守能力，而且希望我能防最快的队员。后面一系列的比赛，包括到美国去访问进行的比赛，钱指导的重点都是抓我的防守。

图6　1982年与钱澄海指导在澳大利亚（右为匡鲁彬）

钱指导的执教风格独树一帜，他应该归到儒帅行列。他从来不骂人，在严厉批评你的时候，他也不会大声训斥。钱指导不直接说你，他反应特别快，发现你有问题后马上就用别的方式说出来。所以你脑子要转，跟上他的思路，他批评你的时候，你要能反应过来这是说我呢，说我的什么问题。我们开玩笑说钱指导骂人都不用脏字，当教练屈才了，应该当外交家。不过也有比较木讷的队员，有时候以为钱指导在表扬他，其实我们都听出来了，那是在批评他。

1984年洛杉矶奥运会之后我离开了国家队，一个是因为身体状况，另一个是因为钱指导从队伍的长远发展考虑，做出了一个大胆的决定——新老交替，我和郭永林等几个人都离开国家队了。钱指导是中国篮球历史上任职时间最长的男篮主教练，一直到 1988 年汉城（今称首尔）奥运会结束才退下来。

钱指导在我心目中是师父，师父如父，是长辈。因为我们是在国家队结下的师生情，我退役离开国家队以后，不管是当教练，还是从事行政工作，一直跟钱指导保持着联系，2004 年我还参加了钱指导 70 大寿的寿宴（图 7）。

图 7　2004 年钱澄海指导 70 大寿（前排右二为钱澄海，左二为匡鲁彬）

2001 年 7 月，我带着国青女篮去捷克打世界青年女子篮球锦标赛期间，听到钱指导住院做手术的消息。比赛完了我赶紧去医院看他，他住在肿瘤医院，他的左腿因为长了骨瘤截肢，做了大手术。我们知道这个病的严重性，但是钱指导生性特别乐观，我去看他，根本看不出他是做了截肢手术的样子。他躺在病床上，说话还是那么幽默风趣，如果你没有看到他的腿被截了，简直不相信他是个身患癌症的病人。

钱指导快出院时遇到一个麻烦，他当时住在训练局宿舍4楼，没电梯，他出院后每周都要去医院做理疗，上下楼成了难题。钱指导和他爱人（我们都叫张阿姨）犯愁了，怎么办？老在医院里住着不行，找了总局领导解决房子问题，后来有关方面帮着找了一处一楼的房子可以租住，但是张阿姨去看了以后说不太理想，楼门口的台阶坐轮椅不方便，可能还有房租等方方面面的问题。

这个时候正好我在总局分到一套房子，两室两厅，大概90平米，都装修完了，9楼，有电梯，家具、电器都是全的。我跟钱指导说："我带张阿姨一起看房子，如果满意，咱就住我那个房子。"然后，我开车带着张阿姨去看了房子，回来以后我跟钱指导说："这是我的房子，现在不用，我孩子现在在我父母家住，您就到我这儿住吧。"张阿姨跟钱指导点了点头，出院后他们老两口就在那儿住下了。从2001年到2003年钱指导搬进新家之前，他们在那个房子里住了一年多。

后来很多人提到这个事还羡慕钱指导，羡慕他有这样的队员，但我觉得这是应该的，钱指导带过的所有队员跟他的关系都很好。

2008年北京奥运会之前，钱指导又进医院了，癌细胞已经扩散转移，要做第二次手术，再一次截肢。那时候我是国家女篮领队，正跟着队伍准备奥运会。钱指导住的是解放军304医院，正好医院的护士长跟我爱人比较熟，有一天她给我爱人打电话，说钱指导情况不好，可能这个礼拜过不去了，要看就赶紧来吧。紧接着的周六那天，国家女篮上午训练完下午休息，我就和爱人到解放军304医院看望钱指导。

钱指导的两个孩子都在国外，陪护他的一直是张阿姨。我进去后坐到床边，床边有个杯子还没拿走，里头好像是刚吐完的半杯血。钱指导躺在那儿，我感觉他还清醒，心里是明白的。之前我来医院看他时，他跟我讲话还很自如，但那天他已经说不了话了，只能听我说话。我握着他的手，没话找话说，我这人不善言谈，跟他说女篮这边怎么备战奥运会，最近有什么比赛，我最近做了些什么工作，等等。说了一会儿，守着他待了半个多小时，看看时间差不多了，我就准备走。

我攥着他的手站起来，靠近他，跟他说："钱指导，你好好休息，我今天就回去了，明天再来看你。"我攥着他的手，抬了抬胳膊，突然感觉他的手使劲攥了我一下。当时他已经很虚弱了，手很瘦，根本没力量，他攥我那一下，我立刻明白了，他是在向我做最后的告别。就是那一刻，我心里一下子崩溃了，强忍着走到门外走廊，再也忍不住哭了。我心里清楚，他知道我是谁，他用生命的最后力量握了我一下，这么多年的师生情凝聚在这一握当中，那种感觉是没法用语言来表达的。我出来以后赶紧跟国家队的队友打电话，告诉他们有时间尽量来看看钱指导。几天以后钱指导就昏迷了，再没有醒过来。

我跟钱指导可能有心灵感应。2008年4月24日那天，中国女篮打测试赛，对战美国女篮。不知什么原因，2008年4月23日那一晚上我睡得不踏实，后来做了个梦，梦到原来几个队友要去看钱指导，但是不知道在哪儿，我说我陪你们一块去。但是到了医院，进了病房我一看愣住了，空的，连床都没有，我一下子就醒了，心里很难过。第二天上午女篮训练，我觉得心里头堵得慌，不舒服。结果中午吃饭，当时篮球运动管理中心（以下简称篮管中心）主任李元伟跟我们一桌，他接到篮管中心电话，说钱指导去世了。我问什么时候？他说就是凌晨那个时间。

在钱指导的告别仪式上，他带过的队员来了很多。从他当国家男篮主教练以后每个时期的队员都有，都来给他送行。这拨人集中在一起，简直就是一支队伍，年龄60多、50多、40多的都有，有的还是从广东专门坐飞机过来的。当时看到这个场面，也挺让人感动的。

钱指导得这个病谁都没想到，后来我了解到他是在2001年无意中发现的。他的膝关节好像磕了一下茶几，觉得疼，他到宣武医院去检查，医院当场就让他住院了，要进一步检查，然后做手术。第一次手术后他的身体恢复得还好，他还能到全国各地去参加活动，经常是我开车把他送到机场。从 2001 年发病到 2008 年去世，他坚持了 7 年多，特别坚强。

六、梅花香自苦寒来

我的运动员生涯起点比较高，在武部时我就拿了全国冠军，到了八一队也是全国冠军，到了国家队，当时的国家队在亚洲也处于霸主地位。所以这就会给人一种什么感觉呢？在全国你要不拿冠军，拿亚军就是失败；在亚洲你要不拿冠军，拿亚军就是失败。我当运动员期间真是这种感觉，所以 1983 年全运会上八一队被北京队逆转打了第二，对我们来说就是失败，算是遇到滑铁卢了，直到 1987 年全运会我们才重新夺回冠军。在国家队，从我第一天代表国家队打球开始，打亚洲球队——韩国队、日本队等，我们从来就没输过。当时的国际篮联主席程万琦在天津见到我的时候，经常给年轻人介绍，说匡鲁彬当年一个人就把韩国队打败了，韩国队一见他就怕。

那个时候真是这样，从 1978 年到 1984 年，国家队获得了三届亚洲男篮锦标赛冠军，一届亚运会冠军。但遗憾的是，1982 年亚运会我们输给韩国队 1 分，得了亚军。这也是有原因的，1982 年队伍正好处在新老交替时期，我是最老的，年轻队员都是刚补充上来的，经验还不够，所以我们输了 1 分。1983 年在亚洲男篮锦标赛上争夺洛杉矶奥运会出线权时，我们赢了韩国队差不多 30 分，算是出了一口气。所以在我的运动员生涯里头，就成绩来说，在全国和亚洲拿的冠军多。

我觉得自己很幸运，因为调到八一队以后，包括进入国家队以后，我打了很多场国际性比赛，在那个年代里，一般的省市队队员肯定没有这样的机会。在这些高水平比赛中，我提高的不仅是战术意识，更重要的是心理素质。1979 年八一队两次战胜美国队，虽然不是真正的美国国家队，但能赢美国队，这在当时从士气、心理上带给球迷们很大的鼓舞和振奋。

历史上美国队第一次来中国，我记得是 1973 年，那时我到武部不久。那年我在全国好几个城市打了 4 场球，其中包括广州。国家体委要求各个专业队组织学习，统一观看比赛。武汉军区离广州近，我们就到广州去，住在二沙头，训练和看球。那场比赛是美国队对广州联队，广州联队是由当时的国家队队员组成的，跟美国队打。那时候咱们跟美国队差距很大，美国队在中国的几场比赛平均都要赢三四十分，比如说上半场只要前 10 分钟比分没拉开，美国队就会全场紧逼，一会儿我们的比分就落后了，所以 1973 年的时候美国队是很厉害的。

1979 年美国队又来了，恰巧还是上次来的那个美国教练，所以他可能头脑中还带着当年对中国篮球的印象，没想到这次被八一队打败了，他面子下不来，居然提出再打一场，要挽回面子。其实从外交上来说，根本就没必要安排第二场，八一队就打一场。我们也觉得我们已经赢了，可以不打了，但是美国队要打，八一队也就同意了。吴忻水第一场得了 20 多分，崴了脚，结果第二场他带伤打，又赢了，这回美国队彻底服了。

我当运动员时赶上提倡"三从一大"，训练确实比较艰苦。在武部几乎没有休息时间，如果说一天三练指早操、上午、下午，我们当年还经历过一天四练，晚上还有一波训练。并不是每天都四练，但一周里头起码有一两天。现在一些队伍一天两练（上午和下午）就算多的，但我觉得一些重要的技术，光靠教练不行，还是完全在个人。余邦基指导跟我说过一句话，叫"师傅领进门，修行靠个人"，为什么呢？要想练过硬的技术，就得自己战胜自己，你不是练给教练的，你练的东西不是给教练看的，要跟自己斗，要战胜自己才能提高。教练可能给你指道路、指方向，但细节的东西还是要靠自己。

我们那个时候，许多队员都是自己铆足干劲加练。我记得国家队周日休息，我们几个年轻队员周日下午根本不用教练叫，自己背着包就到场地练习去了，都很自觉。而且互相比较，一看你练了，我要不练的话，总觉得亏了什么，所以我也得去，都是这样。提高技术必须要苦练，没有一定的数量积累，就不会产生质的飞跃。不付出艰苦的努力，就不可能达到你追求的目标，在篮球场上，过硬的技术和顽强的意志都是一名高水平篮球运动员必备的素质。说实话，现在的运动员身体条件比我们当年要好很多，但还是出了很多问题，我觉得还是在训练上，训练抓得好，运动员有基础，发挥高水平的概率就大。

练习也要讲究科学性，比如罚篮，与其不计数，没有要求地随便扔，不如连进 10 个，或者罚进几组，这样练习，关键时刻你才不会掉链子。当你过了这一关的时候，就会有技术提升的感觉，对自己就更加有信心。其实很多感觉、技术运用等，都是在训练中悟出来的。1998年我是国家男篮领队，王非是主教练，队员出早操，到场地后就练一项——罚球，谁连中 30 个谁就回去吃早饭。有一天大家都罚完了，就剩巩晓彬一个。当时在训练馆出早操的还有国家跳水队，田亮、郭晶晶这批队员都在，大家也都认识。跳水队员是好意，帮他数数，其实巩晓彬就怕数数，一数有一个不进就前功尽弃，但这恰恰又是对他的考验，好几次罚篮到 28 个、29 个，结果第 30 个不进，又得从头来。王非说没关系，把早饭给他送到场地来，罚篮练完上午还接着训练。就这样，巩晓彬坚持到最后练完了。这种磨炼已经不是单纯的技术层面的磨炼了，更多的是心理层面的磨炼。

七、我和王治郅的故事（一）

1988 年，我退役了，在八一队当助理教练，1989 年出任八一青年男篮主教练。

　　那时候八一青年男篮正是低潮，队员们的身体条件不是很突出，全国比赛分两个赛区，第一赛区1~8名，第二赛区9~16名。八一青年男篮在第二赛区，成绩不好。我接手队伍以后，第二年就打进第一赛区了，第三年进了前四名。在这个过程当中，我招了一些队员，大郅（王治郅）就是其中一个。

　　当教练的都知道，培养高水平人才，选材很关键。不能一看这个孩子个儿高就招来打球，要看他是不是有天赋，他的身材比例、特点是否跟现代篮球发展的趋势吻合。大郅是1992年进队的，他当时15岁，自身条件非常好，是个好苗子。说实话，招到大郅对我来说是件幸运的事。

　　大郅的父母原来都是北京队的篮球队员，他们觉得孩子将来也是打球的，就想让他早点进北京男篮。但是北京男篮当时不缺内线，有单涛、巴特尔等优秀中锋。大郅那时候身高2米多，但是北京男篮不缺大个儿，就让大郅再等两年，长大点再考虑进队。

　　那时八一队有个领队叫蔡集杰，他爱人原来是北京女篮的，发现这个情况后就赶紧告诉我，因为我是主教练，大郅进队的事必须我同意。我觉得大郅是个人才，而且八一青年男篮当时没有身高超过2米的队员，我就把这事交给蔡指导去办，不久，大郅的入伍手续就办好了，当我带着他亮相的时候，北京队才发现，但为时已晚了。

　　大郅的第一节训练课是我带的，他确实挺出色，球商高，有悟性，根本不用提醒他什么时候该投篮，什么时候不该投，在场上的攻防回合中他的脑子里已有想法。对一个优秀运动员来说，有些东西不是教练教的，是自己悟出来的。

　　大郅到八一青年男篮时，他母亲亲口跟我说："匡指导，大郅交给你了，希望你严格要求他。"大郅16岁进国青队，后来进国家队，虽然那时我已转业不当教练了，但我们在国青队、国家队都经常见面，我在很多地方能够给他提供一些支持。大郅去美国以后，我跟他母亲逢年过节有时候通个电话,他母亲说:"匡指导,大郅他挺在乎你的,孩子大了,有的话跟我们父母不爱说,但在我们面前他总提你,他总觉得不管有什么事情你都能帮他。"

2001年大郅入选NBA,成为第一个进NBA的中国球员(图8)。能去NBA打球,大家都很兴奋。但是第二年大郅滞美不归,轰动了全国。有人对篮管中心不满,说了一些话,其实当时篮管中心采取了很多办法,实质性的措施就是派我和阿的江去美国找大郅谈话,做工作。阿的江是八一队主教练,我代表篮管中心①,当然我还有一个潜在身份——大郅曾经的教练。

图8 2001年王治郅赴NBA打球的签约仪式
(后排左三为匡鲁彬,左四为王治郅)

我和阿的江分头去了美国,一开始我们见不到大郅,后来总算说服他见面了,他却只肯见阿的江,不见我。见阿的江我能理解,毕竟大郅

---

① 匡鲁彬时任国家体育总局篮球运动管理中心运动队管理部和国家队管理部主任。

是军人，阿的江是军队代表，不能不见。但不见我让我有点接受不了，我觉得你是我的队员，你小子怎么着？这点感情都不讲了？心里有些怨气。

我跟阿的江住一个酒店，阿的江跟大郅见面后回来，带了两封信，一封是大郅写给中国篮协的，一封是专门写给我的。给中国篮协的信是说他留在美国就是想打夏季联赛，想提高水平，也是为了今后为国效力。给我的信第一句话就是：匡指导，我忘不了，我进八一队第一堂训练课就是您带着我。这句话我记得特别清楚。信里还说他进国青队、进国家队这么多年我一直都支持他、指导他，他取得的成绩离不开我的培养，要感谢我。他还跟我道歉，说这次没跟我见面，但是请我相信，他将来还是要为祖国、为军队效力的。

看了这封信，我心里也一酸，差点在阿的江面前掉了眼泪。因为我知道这次他不会跟我们回去了，所以我心里有点难受、委屈，我觉得他就算不回去，也该跟我见一面谈一谈。当时我是这么想的，但后来我理解了大郅的做法，毕竟我们俩那么多年的感情，我比较清楚他的性格。他这样做是不愿给我添麻烦，这次给我一封信，也是埋了一个伏笔，将来还可以通过其他方式继续争取。

八、我和王治郅的故事（二）

大郅的事情在国内影响很大，媒体舆论对他很不客气，他自己也承受了很大压力。

2003 年我利用休假跟爱人自费去美国旅游，先到东部，那时候我手里有大郅美国经纪人的电话，就想着试一试，看能不能跟大郅见面聊一聊。我给他经纪人打电话，让他转告大郅我和爱人在美国，我强调了因私旅游的身份，提出方便的话过几天我们可以到洛杉矶见一面。

一到洛杉矶，我马上给他经纪人打电话，告诉他酒店和房间号。他的经纪人可能也有所顾虑，怕我骗他，又打电话到酒店总机，转到我的房间，确认我确实在这个酒店了，才告诉大郅，大郅打电话来说第二天下午请我们吃饭。那个时候大郅在 NBA 快船队，第二天下午旅游团的活动我们都没去，那个经纪人开车来接我们，开了很远到了一个餐厅。我一看，这个餐厅是吃牛排的地方，想起来大郅第一次请我吃饭就是牛排，在北京，那是他进了八一队后第一次领到工资请我吃饭。这次在美国，他又安排了牛排，我心里有点别样的感觉。

吃饭过程中我跟他表了个态，我说大郅你在 NBA 不会待一辈子，你的根还在中国，我曾经是你的教练，你需要我帮助的时候，我绝对会全力以赴帮你解决困难，需要的时候你随时找我。吃完饭他把我们送走就回去了，他第二天要打客场。

2005 年我在国家体育总局篮球运动管理中心运动队管理部和国家队管理部当主任，随李元伟主任一起带着国家女篮去美国打热身赛。在圣安东尼奥这个城市，国家女篮在场地训练，新华社的常驻记者梁希仪也在，他是很有名的老记者，要做一期国家女篮的报道。

训练结束我们一走出来，梁希仪拿着电话说有人找我，我很奇怪，怎么找我的电话会打到他手机上，一接电话——是大郅。原来梁希仪在美国报道 NBA，他跟大郅有联系。我跟大郅通了电话，我们就算正式联系上了。我赶紧把这个情况跟李元伟主任说了，李元伟主任说能主动联系，这是好事。回国后我把这个情况及时向有关部门做了汇报，并且说可能还会有进一步接触。

之后，我几乎每隔一段时间就跟大郅通一次电话（他把手机号告诉我了），都是用我自己的手机，虽然我办公室的座机可以打国际长途，但我不用，怕大郅敏感。另外大郅当时处于半封闭状态，其他电话他根本不接，不认识的号码更不接，只有我的手机他肯接。因为我跟他有一种特殊关系，我是他第一任教练，彼此建立了信任。我们通话的内容就是下一步的打算，我给他反馈一些信息，包括中国篮协的态度、八一队的态度。八一队是希望他回来，回来就好。我一直跟他保持联系，手机话费都花了好几千块，李元伟主任要给我报销，我说没关系，这是小事。

2006年NBA全明星赛在休斯顿举行，那时候姚明也在火箭队了，我跟着李元伟主任去美国，提前跟大郅说了，他同意见面。我们到了以后，大郅到酒店找我们，第一次见面在酒店大堂，李元伟主任代表中国篮协和篮管中心跟他谈了谈，问他有什么需要，组织可以帮忙。就这样，大郅回国的事情基本上就定了。

回到国内，我跟八一队那边也汇报了，八一队明确表态，欢迎大郅回来，回来就好。大郅回来的准备工作按部就班地进行，回来的日期也定了，票也买了。李元伟主任告诉我大郅的事要保密，只有他和我两个人知道。归期临近的时候，我给李元伟主任提了个建议，建议派个人去美国接他，因为前两次他也跟八一队说已经买票了，临上飞机又改了主意。李元伟主任也很清楚，他说如果要派人也就是我合适。

因为媒体整天盯着，为了保密，我去美国还采取了曲线救国的方式。大郅在洛杉矶，我第一站飞的是旧金山。当时国家女篮队员隋菲菲在旧金山接受康复治疗，我以看望隋菲菲的名义飞往美国。在旧金山待了两天，看了隋菲菲以后，我就去洛杉矶了。

到了洛杉矶，酒店离大郅家不远，我在那里待了一周，等着跟大郅一起回国。那一周可能是我这么多年出国过得最轻松的日子，每天早晨大郅按时到酒店陪我吃早餐，然后出去走走。返程那天，我们俩一起去机场。航班是凌晨的，我们一到机场就被媒体截住了，大郅回国在当年是很重要的新闻，央视好几个人都说见到大郅了，一看我陪着他，又是国航班机，回北京的，这可不得了。4月9日当晚央视体育新闻就报道了这个消息，国内的很多媒体4月10日凌晨都跑去机场接机，结果等了半天一个人都没有，媒体就有点懵。实际上那趟航班是4月10日凌晨的，我们 9 日晚上去的机场，离开洛杉矶是 4 月 10 日，到北京应该是 4 月 11 日。

回来的飞机上我一直跟大郅在一起，我们在飞机上也没有多聊什么，除了吃饭就睡觉，一觉醒来飞机已经进入哈尔滨上空了，我拍拍大郅说："快到家了。"

大郅回来的时候国家队没集中训练，他说："匡指导，我要训练怎么办？"我说："训练没问题，我安排。"国家男篮的训练馆在训练局里，我陪大郅练习。当年我是他的教练，没想到现在又陪他一块训练了。这次不是带他训练，而是陪他训练。将近一个礼拜的时间，我们每天进行一个半小时的训练，训练馆里只有我们两个人，我陪着他，帮他恢复状态。不管怎么说，他重新回到了中国，之后的事情就顺其自然、按部就班了。从他回来到他退役的时间里，大郅为中国篮球做了很多贡献，所以就出现了广州亚运会上所有队员把奖牌都挂到他脖子上去的那个画面。

下面附一张我和王治郅有纪念意义的照片（图 9）。

图 9 匡鲁彬（左）与王治郅（右）2012 年伦敦奥运会留影

九、从教练到领队

我当教练的时候，特别注意跟队员建立一种相互的信任感。能够促成大郅回国，正是基于这种师生间的信任感，事情才得以圆满解决。

受到钱澄海指导的影响，我也属于比较温和的教练。我不骂不打，但调皮捣蛋的队员反而怕我。当初有个跟大郅一拨的队员叫朱峰，他后来打过 CBA，青岛人。他爸爸跟我说："匡指导，我这儿子调皮捣蛋，在家里谁也不怕，他跟我说他就怕您，说只要您一严肃，他就感觉自己腿肚子发抖。"其实我也很喜欢这个队员。

我带队员，希望他们能感受到我在关心他们、支持他们、提高他们，后来国青队这批队员陆续退役，他们都有了自己的工作，但多年来我们的感情仍然很好，到现在有机会时总要聚一下。

我关心爱护他们，不等于放任不管。如果队员做了出格的事，肯定是不行的。比如队员之间难免发生一些摩擦，作为教练来说，我要看球场上大家是不是能够拧成一股绳，努力去拼。私底下两个人之间有摩擦，只要没违反纪律，我就不管。但是有一条，涉及集体的事情，大家都要出力，去拼搏，这是为了集体，不是为我也不是为他，这方面如果出现问题，那是不能原谅的，我不允许有人因为个人问题影响全队。我用这种方法管理，他们反而没有出现违纪的事。

1989 年我第一次当国青男篮的助理教练，主教练是蒋兴权，我们在北京集训。当时国青男篮的那批队员就是后来的黄金一代：胡卫东、吴乃群、刘玉栋、杨文海等这批人。1992 年我又当了一次国青男篮的助理教练，主教练是陈道宏，我们俩一块带队参加了在加拿大举办的世界青年男篮锦标赛。

1992 年底，我有机会转业，杨伯镛指导提议把我调到国家体委篮球处工作。那时候八一队不想放我，但是八一队大队长吴皖湘跟杨指导关系很好，在他们的帮助下，我就转业了。其实我考虑得很简单，当运动员也好，当教练也好，做行政管理也好，只要跟篮球有关，我都愿意。

从 1988 年到 1992 年，我的教练生涯其实很短，但 2006 年大郅回国后八一队拿了一次 CBA 总冠军，当时场上的大郅、李可、陈可都是我亲手招进队的，过了这些年了竟然还能给八一队做贡献，我有些感慨。

虽然我转业不当教练了，但直到现在我带过的那些队员，包括后来我当领队带过的国家男篮、国家女篮、国青男篮、国青女篮的队员，他们见到我全都叫我匡指导，从来没有叫我匡主任的，那是我的行政职务。后来苗立杰说，"叫匡指导能叫一辈子。"她说得没错，凡是叫我匡领队的，肯定是跟我比较生，关系不熟的。

从运动员、教练员到领队，我有一个经历可能是篮球界少有的，甚至是唯一的，就是我参加过全世界所有级别的篮球大赛。当运动员期间，我打过奥运会、世界男篮锦标赛、世界大学生运动会、亚洲男篮锦标赛、亚运会、亚洲男篮俱乐部锦标赛、世界男篮俱乐部锦标赛；当教练期间，我带队参加过世界青年男篮锦标赛；当领队期间，我管的国家级队伍更多，参加的比赛也很多，包括世界青年女篮锦标赛（图 10）、亚洲女篮锦标赛、世界大学生运动会、亚运会（图 11），还有东亚运动会①。所有的国际篮联举办的比赛我都参加过，没一个落下的，这跟我的工作性质有关，当年我在八一队和国家队同时效力，参加两边的比赛，世界军人男篮锦标赛我参加过五届，这是地方队队员无法参加的。做行政工作以后我改当领队，那些赛事也都是直接跟国家级队伍

① 东亚运动会 1993 年开始第 1 届，每 4 年 1 届，2013 年举办的第 6 届也是最后一届，2019 年起更名为东亚青年运动会。

有关系的。

图 10　2005 年突尼斯 U19 世界青年女篮锦标赛，
中国队获得第三名（前排左四为匡鲁彬）

图 11　2010 年广州亚运会，中国女子篮球队获得冠军（前排右三为匡鲁彬）

十、领队生涯——趣事、轶事、憾事

(一) 女篮趣事

2005 年以后我就到国家女篮那边当领队了，苗立杰、陈楠、隋菲菲、张小妮这批队员从在国青队时我就带她们。1997 年我们在泰国拿了亚洲青年女篮锦标赛冠军，之前我们已经连着三届没拿到这个冠军了，都是韩国队拿的。我从那时候当领队，后来叶莉、胡小桃等都进国家队了。2011 年我是领队，带着国家女篮在日本打亚洲女篮锦标赛，只有冠军才能拿到伦敦奥运会的入场券，东道主日本队也想方设法地要拿冠军，赛前我们做了很多方案。那时候日本队的中锋已经开始冒头，2010 年亚运会我们赢日本队的时候不是很轻松，只赢了几分。这次我们是赢了韩国队打进决赛的，最后一场冠亚军争夺赛要打日本队。上半场结束，两队比分差不多，没拉开差距，中场回休息室，教练小结、布置，准备打下半场。我一般都等所有人走后再出去，当时苗立杰站那儿不动，等所有人都走完就剩我们俩了，她说："匡指导，把你的手给我。"我问干啥，她说沾沾运气，就拉着我的手蹭，完了就出去了。有趣的是，决赛的关键时刻，苗立杰投中了 3 分球。后来她们队员都说，匡指导是福将，匡指导在底下坐着不说话，她们心里头也踏实。有时哪怕我不在球队席上坐着（北京奥运会因为外交人员多，我不坐球队席），我在篮架后边，张小妮她们罚球时，都会跟我对眼神儿。

2013 年我当中国国奥女子篮球队（以下简称国奥女篮）领队，在天津参加第 6 届东亚运动会，主教练是王桂芝。第一场我们对中国台北队，我跟王指导提议：这场球一定要多赢，能赢 20 分就不赢 19 分，后边能用上。因为比赛是单循环制，参赛队里日本女篮很强，我们国奥女篮输给了日本队，不过仅输 1 分。最后一场球是日本队对中国台北队：日本队如果赢了中国台北队，日本队得冠军；中国台北队要是赢了日本队，哪怕赢1分，国奥女篮就是冠军。我跟中国台北队教练洪玲瑶认识几十年了，当队员的时候就认识，当年我在中国台北队的名气挺大，好多人都知道。后来她经常带队伍来大陆训练，我做管理工作，我们也算是朋友，关系挺好。赛前我跟她说："洪教练，你们得努力，争取赢。"我还开玩笑说："如果我们拿到冠军，我的奖牌送给你。"她说："匡指导，你说定了，不准变。"中国台北队跟日本队风格相似，都是小快灵打法，但中国台北队速度比日本队更快，两队之间互有胜负。结果那场比赛中国台北队赢了日本队7分，一算小分——我们是冠军。但是东亚运动会没有奖牌，我就跟洪教练说："对不起了，没发，要发我肯定给你。"她也开玩笑说："匡指导，你欠我一个奖牌。"

2016年我最后一次当领队，带着U18国青女篮到泰国打亚洲女篮锦标赛，主教练是丛学娣。我们拿了冠军以后，这帮姑娘把她们所有的奖牌都挂在我脖子上，全体围着我照相，那帮孩子就是现在国家女篮的韩旭、李月汝、李媛这批人（图12）。

图12　2016年U18国青女篮在泰国获得
亚洲女篮锦标赛冠军（中间戴奖牌者为匡鲁彬）

（二）外教轶事

我当领队时还经历过跟外教的合作。2004 年，中国男篮第一次聘请外教，哈里斯也好，尤纳斯也好，我跟他们合作得都挺好。雅典奥运会我没去，其实我一直跟着队伍，跟他们到立陶宛打热身赛，训练完第二天他们要飞去雅典，因为人员限制我自己回北京。临走前我跟哈里斯告别，哈里斯不能理解，我也没法解释清楚，就说是特殊原因。

后来国家女篮也请了外教马赫，我到国家女篮跟马赫合作。队员都叫我匡指导，他也看出来了，跟我说："匡指导，我发现你对这批队员特别好。"言外之意就是关系不一般。我说："对，这批孩子在国青女篮的时候我就带着，我看着她们长大的，跟自己的孩子一样。"马赫还从业务上跟我探讨，他问我："在进攻战术配合里头你最欣赏什么配合？"我一听，他考我呢，我说："如果简单配合的话，我最欣赏高位挡拆，能打出很多东西来。"因为他在美国女子职业篮球联赛（以下简称WNBA）带过队，我说高位挡拆的典型例子，就跟原来爵士队里的斯托克顿跟马龙，还有马刺队的邓肯跟吉诺比利那样，马赫对我的说法挺认可。后来在备战 2008 年北京奥运会的训练中有时候会组织对抗赛，我带替补组，他带主力组，打了两次 5 对 5，我这组都赢了。主力那组的卞兰说："匡指导，您别说（指导）那么多好不好！"

我和马赫在合作中有时意见不一致，甚至会因为一些具体的事情吵架。但他这个人直来直去，有一次我们吵完架，他觉得不对了，马上说："匡指导，我错了，我不对。"2008 年北京奥运会上，我们最后一场比赛是打俄罗斯队，如果赢了，我们是第三，如果输了，我们是第四，但其实获得第四就已经完成任务了。当时我没在球队席坐着，比赛一结束，我从看台边上下来，他让翻译叫住我，就在球场中线那个地方，他拉着翻译告诉我，说："匡指导，比赛打完了，我首先要感谢你，是你在队伍里给我提供了很多帮助，如果没有你，我完成这个任务的难度就很大。"当然他可能是谦虚，但赛后就在球场上跟我说这话，我也很欣慰。努力付出，总算迎来收获，我的任务也完成了。

2013 年马赫又被聘请回来带国家女篮，前前后后还是我跟他联系的，他来北京后也是我陪他做了一些工作。但是 2012 年伦敦奥运会结束后，我作为领队的聘任周期就结束了，虽然马赫希望继续跟我合作再干一届，但我觉得自己还有两年就要退休了，于是主动提出来退居二线，当时国青女篮希望我去帮忙，经过领导统筹安排，我就去了那边，让更年轻的人跟马赫配合。

（三）男篮憾事

我 2016 年退休，2017 年中国篮协聘请我回去当领队，带着新的国家男篮在黎巴嫩打亚洲杯，主教练是杜锋。那次获得的名次不好，打了第五，外界总觉得国家男篮不如国家女篮成绩好。

打叙利亚队的那场球如果输了，我们就进不了前八名。赛前准备的时候，杜锋就跟我商量，每次有重要的事情他都跟我商量。他说匡指导你得给讲讲，我说有时候讲大道理、宏观的东西效果不一定好，我讲可以，根据比赛的具体情况，如果顺利我不用讲，如果不顺利我必须要讲。

叙利亚队的实力跟我们差不多，我们队阵容不整，上半场输了几分。中场时，在休息室里杜锋说："匡指导讲讲吧。"我讲了两点。第一，这场球输赢的结果大家都能看到，输了是什么结局明摆着，这场球我们必须赢，只能赢。第二，这种比赛，战术是相对固定的，大家就比个精神，谁想赢谁就上去拼。我讲完宏观问题后，杜锋做了具体的小结和布置。杜锋说完我把周鹏叫住了，因为 2006 年在国青男篮的时候我带过他，亚洲青年男篮锦标赛上我们拿了冠军，当时我是领队。周鹏这孩子我很清楚，他防守很好，我嘱咐周鹏一定要做好防守，因为当时叙利亚队的得分手是全赛区第一得分手，每场能得 30 来分。我说："这场球咱们要赢，周鹏你必须把他防好，这个任务只有你能完成，具体的细节我不用跟你说什么，你知道自己该怎么做。"周鹏说匡指导你放心。

结果整个下半场，叙利亚队得分手只得了几分，完全被控制了。最终我们赢了，只赢了2分，很悬。

我觉得这次亚洲杯非常锻炼杜锋教练，他的收获也很大。其实我们就输给了澳大利亚队和菲律宾队，一共两场球。但是预赛输给菲律宾队，导致我们在小组交叉的时候提前碰到澳大利亚队。如果不是这样，起码我们也能打到前三名。而且正因为这样，我们跟所有的西亚队都碰到了，黎巴嫩队、卡塔尔队等，我们还保持了全胜，每场都是赢一两分，这种通过艰苦努力获得胜利的过程对我们的承受能力、抗压能力、应变能力都是很好的锻炼。

不管怎样，我们的名次是第五，在亚洲杯打第五，终究是个遗憾。

再一次走麦城的经历是2019年的篮球世界杯，我们是东道主，没打好，失败了。后来一总结，我们的胜负场跟伊朗队一样，但得失分率我们不如伊朗队。反过来说，如果我们在赢的场次中能多赢点分，在输的场次中少输点分，可能我们就在伊朗队前面了。但伊朗队算得很细，预赛打西班牙队（西班牙队最后获得冠军）输了8分，打菲律宾队赢了20分，所以它在得失分率上就占优。我们打韩国队险胜4分，要是能赢10分以上，算一下得失分率，可能结果真的会有改变。当然，如果我们赢了波兰队的话肯定就出线了，但是结果就是这样，挺遗憾的。

我想说的是，我们那个年代的运动员，应该说都有事业心，有信念和追求，按照咱们现在的说法，就是不忘初心、牢记使命。从我个人来说，这么多年在篮球战线上，我也坚守着这一信念，从来不计较个人的得失利益，全力以赴干工作。在多年的工作中，我总希望跟队伍在一起，就跟打仗一样，总希望在前线，跟队伍、跟队员、跟教练员在一起，跟他们交流沟通是很幸福的。我尝到过胜利的喜悦，也经受了失败的痛苦，不管酸甜苦辣，我都无怨无悔。

李方膺的篮球故事

李方膺，男，1929 年 7 月 6 日出生于上海市，成长于江苏省无锡市，篮球运动员、教练员。1950 年代表华东军区炮兵和中国人民解放军华东军区参加全军比赛。1955 年任江苏省男篮教练，1980—1990 年任江苏省男篮总教练，曾率队获得两次全国男篮甲级联赛亚军和三次全运会前三名，并战平来访的苏联国家青年男篮以及两胜波多黎各队。1958 年任中国青年男篮教练。曾任

李方膺

中国篮球协会男子篮球教练委员会副主任、江苏省篮球协会副主席。1990 年退休后任中国篮球协会技术顾问组副组长、篮球教练员岗位培训教研组组长、全国篮球教学训练大纲编制组组长。1999 年获"新中国篮球运动杰出贡献奖"。

访谈时间：2021 年 3 月 13 日
访谈地点：南京·李方膺家中
受 访 者：李方膺
访 谈 者：孟滢
撰 稿 人：孟滢
访谈助理：杜晨晨

李方膺（右二）与访谈人员合影

一、初入篮球之门

1929 年 7 月 6 日，我出生在上海市。我的邻居是个画家，我父亲就请这个邻居画家给我起个名字。清朝时扬州有八个书画家，俗称"扬州八怪"，其中有一个人就叫李方膺，另外这个名字也有"宽宽的心胸"的意思。所以邻居画家就把这个名字套给我了。在我一个月大的时候，我父亲因为工作调到无锡，所以我们家就从上海搬到了无锡。

说起我怎么进入篮球的门呢？这跟无锡的家乡环境有很大关系。我从小在无锡的崇安寺小学读书，教室旁边有一个后门，这个后门就通往无锡公园。公园里面有个篮球场，当时无锡主要的篮球比赛都在这个球场里举行。我一放学就从后门出去跑到公园看篮球比赛，这样一来，我开始对篮球产生了非常大的兴趣。

当时，我的学校里面有个不大的操场，每到课间休息的时候，不少同学喜欢玩小皮球。其实就是两个人、三个人相互组队，一个组控制球，其他各组来抢。这个游戏不仅培养了我的球感，也提高了我跑跳的灵活性。

到了高中以后，无锡一中为了组织篮球队，就把无锡篮球打得好的学生全部招到了学校里面，分为红白两队，红队是代表队，白队是替补队。红队在之后无锡的县级联赛里面还得过冠军，可见当时学校的篮球氛围是非常浓厚的（图1）。

无锡的篮球发展比较好主要是受上海的影响。因为无锡离上海比较近，两地的交往也比较多。那个时候无锡有一帮老前辈，起着倡导和示范作用。这帮老前辈那个时候所在的球队是无锡最好的一支球队。他们空闲的时候喜欢坐在公园里面喝喝茶，过休闲生活，在公园里聚会的时候，他们谈论的内容主要就是打篮球。因为我还是学生，一到暑假没事时就喜欢去公园,我就坐到他们旁边听他们讲篮球故事,他们经常会讨论哪个球员打得好,哪个打得不好,中国的名将哪个技术好,哪个技术不好,他们还会分析篮球技术,听着听着,我受到了不小的启发。

图1 1947年无锡县"球鹤杯"公开篮球联赛夺冠合影

(前排左三为李方膺)

1948年,在我即将高中毕业的时候,我很荣幸作为江苏省代表队的一员参加了解放前的最后一届全运会,那个时候我还是名学生。当时全运会采用的是淘汰制,第一场我们赢了武汉队,顺利晋级。第二场我们碰上了天津队,天津队那个时候是很强的,结果我们一上去就输了。输了之后没事干,我就天天去看别的比赛。那时有个菲律宾华侨队,叫作群声篮球队,他们的篮球水平非常高,1947年这支球队第一次到中国来访问,当时上海所有的队伍都打不过它。1948年全运会的时候,菲律宾派了这支篮球队到上海来参加比赛。总决赛是它跟上海队之争,我非常想去看这场比赛,但我当时没有钱,买不到门票,我千方百计地想要进去,最后只能爬墙,没想到居然真的爬进去了,这让我印象非常深刻。我跟篮球之间有一道隐形的门，从这之后，我可以说是跨进了篮球的大门。

二、篮球生涯的第一个转折

1950 年，华东军区炮兵到无锡来招人，把我招去了。因为那时候华东军区炮兵的文化部长是无锡人，所以他与无锡的体育界人士认识，正好他看到我们的比赛，就选了我们几个人，动员我们参军，我就在这样的契机下进入了华东军区炮兵。

刚到华东军区炮兵，我们虽然去了好几个人，但是整体实力还不太行。所以那时候部队首长为了提高队伍的实力，就委派我跟另外一个人到上海去动员篮球名将吴成章参军，同时我们也请到了其他几位上海著名的篮球运动员。吴成章是 1948 年代表中国参加奥运会篮球赛的主力队员，我们把他招来了，还有其他几位高水平运动员。所以那时我们的队员阵容很强大，在各大军区中是实力比较强的球队之一。

但是当时出现了一个插曲，我差一点就去北京了。这期间，我们正准备参加全军体育运动大会，军委炮兵的领导要组建一支球队参加全军体育运动大会，他问八一队，在全国的炮兵部队里面，哪支球队比较好？八一队就给他介绍，说华东军区炮兵实力更好。

于是军委炮兵就下发了一个调令，把我们整个队伍都调到北京去了。当时华东军区也要参加全军体育运动大会，结果发现华东军区炮兵的队员都不见了，问了才知道，是被军委炮兵调走了。

当天晚上，华东军区炮兵就派人到南京来找我们，很凑巧我们根本没有搭上火车，整晚就打地铺睡在了火车站的地上，所以阴差阳错，他们没有找到我们，我们就去了北京。

到北京以后，军委炮兵的领导对我们非常重视，生活待遇也非常好。这样过了一个月，我们全队又被调回南京准备参加全军体育运动大会选拔赛。但回来以后，华东军区的选拔赛已经结束了，冠军是三十一军。我们回来以后又跟冠军三十一军打了一场比赛，结果我们赢了。最后我们华东军区炮兵有五六个人入选，代表华东军区参加了全军体育运动大会。

在华东军区炮兵期间有一件非常有趣的事情。八一队当时是全军的代表队，他们到南京的时候，跟我们华东军区炮兵打了一场比赛。八一队当时是什么水平呢？没有一个大军区或地方队跟它打比赛不输 30 分的。但我们比赛的时候不按照它的节奏打，最后只输了 8 分，我们领导非常开心。

这场比赛我们之所以能与八一队有一番周旋，是因为我们有吴成章以及和他一起来的几位上海名将。他们的技术非常好，尤其是吴成章。他在上海时，与苏联队比赛，苏联队都防不住他。他不仅是我的前辈，更是我的老师。后来在华东军区体工队①的时候，他是教练，我是队员。

三、军区体工队的难忘记忆

20 世纪 50 年代，基本上各个地区，除了上海以外，都是军区的球队比较占优势，因为好多优秀的运动员都到军区来了。在军区体工队成立之前，有过两次比赛：一次是华东全军文艺体育检阅大会；第二次是1952 年的全军体育运动大会。

全军体育运动大会结束以后，各大军区体工队才开始成立。那时候全国的比赛制度还没有建立起来，地方上也没有建立比赛制度。因为很

---

① 军区体工队，全称为军区体育工作大队。

多地方的体委都没成立，所以地方上的体育运动还没有开展起来。在我进入军区体工队以后，部队里面的球队没有参加过全军比赛。

1954 年，广州举行了一次全军篮球、排球集训。在此之前，我们都没有参加过比赛。那时，我们的日常训练很艰苦，没有室内场地，全在室外。室外就是水泥地。水泥地对膝关节的伤害是很大的，所以我的膝关节留下了后遗症。

当时的部队里实际上还没有专业的概念。另外我们还有一个很重要的任务，就是辅导部队球队，也就是下连队。所以我们在军区体工队的时候，要到各个地方去慰问部队，跟部队的战士同吃同住。比如说志愿军在山东调防，志愿军一回来我们就要去慰问。我印象深刻的是，有一次我们到浙江的舟山群岛去慰问部队。我们当时是一个团一个团地慰问，背个背包，上午行军，走了半天时间到一个团，然后下午就辅导他们团的球队。第二天要打一场表演比赛。我们在部队没有房子住，到了晚上我们就拿一根绑带，将从老百姓家里借来的门板吊在树上，上面再挂个蚊帐，就这样睡一觉。条件虽然非常艰苦，但我们还是非常开心。

那段时间，恰巧碰上旱灾，用水紧张。在舟山群岛那个地方，一个团就一口井，用水很紧张。每次打完比赛浑身都是汗，我们看到臭水沟，都会跳到里面去洗澡。这一段时间我们过得艰苦，但充实，也很有趣。

四、从队员到教练的角色转型

我当运动员时，由于自身条件的限制，没有达到最理想的水平。我的体格不是那种强壮有力的，所以我的技术风格实际上是讲技巧性和灵活性的。还有一个原因是我的心理状态不够稳定，每次到了关键性比赛，受心理因素的影响，我常常发挥不出真实水平。

当时我在华东军区体工队里打球受了伤，伤处从腰部一直到腿部，我跑不起来，也跳不起来。那时候又逢东北军区球队到南京来打了两三场比赛，我坚持带伤上场。结果比赛结束后，我走路都得靠拐棍支撑。

因为伤病留下了后遗症，我的腿一时半会也好不了。当时部队的医疗条件有限，不像现在的运动员那样伤后能够得到及时治疗。所以我当时觉得这样下去不是长久之计，于是有了转业的打算。

一开始领导没有同意我转业。拖了大概有半年时间，正好遇到两个情况：一是部队开始整编；二是江苏省篮球队到军区来招人。因为江苏省篮球队当时没有教练，就到军区寻求帮助。

就这样，1955年，我正式转业到江苏省篮球队。同时期跟我一起到江苏省篮球队的有6个人，一个是我，另外一个是军区体工队女篮教练，再加上4个女篮队员，我们都从军区体工队转业到了江苏省篮球队。

初来乍到，江苏省体委还不了解每个人的具体情况，只能根据个人之前的经历初步做了工作安排。比如你是女篮教练，那你就继续执教女篮。因为我之前是男篮队员，所以成了男篮教练。这也成为我的篮球生涯中一次重要的角色转型。这一年，我二十六岁，开始当教练，在当时也算是年轻教练了。第一次当教练，我什么也不懂，仅仅是有过在部队里当了两年多专业运动员的经历。于是，我就按照部队的管理方法来管理球队，因为部队里面的管理还是非常规范的。

让我终身受益的是，我在教练工作开始的时候抓紧时间去学习。我学习的内容包括两方面，一是关于训练工作的基础理论和知识，例如巴甫洛夫的条件反射理论；二是毛主席的著作。毛主席的著作对我的启发太大了，我印象最深的是《矛盾论》。毛主席的《矛盾论》揭示了辩证法的精髓，书中对抗日战争、解放战争战略问题的论述是我学习的重点，对我开展教练工作帮助非常大。

《矛盾论》让我学会看待问题和事物之间的辩证关系，同时也敢于尝试新的工作方法。尤其是毛主席讲的战术战略，我可以直接用到我的篮球技战术方面去，这是我在教练工作中收获到的。以前当运动员的时候还不懂，当教练以后，心里有了责任，所以在管理上面我就参照着部队的方法，训练上面我就靠学习，边实践边总结。

　　起初当教练的时候，我就有一个想法，那就是我必须要有自己的东西，这个是最主要的。在很多年以后，有位美国教练的观点给我留下深刻的印象，他的想法跟我的想法是一致的。他说认为，当你带领一支球队参加比赛的时候，你就必须通过比赛来表明你对篮球的主张和看法。他的这个观点是我后来才了解的，但是我当教练的时候就意识到，我必须要有自己的东西，否则我就不能战胜人家。

五、齐心协力助力江苏男篮的崛起

　　江苏男篮的崛起不是一蹴而就的。我转业到江苏省篮球队的时候，江苏男篮的水平相当于南京的工人队。他们打比赛的时候有输有赢，与原来的军区体工队比赛，往往相差20至30分。记忆比较深的一次，我带着球队到上海交流学习，在与上海队的一场比赛中我们输了二十几分，队员们兴奋得晚上睡不着觉。当时我们住在上海体委的招待所里，队员们睡不着觉，就坐在门外的楼梯上兴奋地讨论。这就是我到江苏时这支队伍的水平。

　　江苏男篮从起初的成绩平平到后来在全国打出名气，这里面除了我个人的努力外，还得力于很多人的帮助。第一，离不开领导的重视。江苏省的领导非常重视球队。重视到什么程度呢？1959年，有两名优秀的运动员患了浮肿病，一个是全国的吊环冠军袁国亮，另一个就是篮球队最优秀的运动员之一李春祥。

　　当时的副省长和省委宣传部部长先后来江苏省篮球队探望了李春

祥，还用卡车往我们队里运送食物。

另外，我们这些教练员经常被省里的领导接见，谈训练工作，讨论后续的队伍管理计划之类的。每次比赛回来，省委书记都要听汇报。我这个人本身比较低调，一般汇报时我不会抢在前面，每次开会的时候，我都坐在角落里。领队的汇报常常被打断，为什么呢？省委书记不想听其他的，他就想听这个球是怎么打的，他不喜欢那些空的说辞。所以一方面是在物质上，另一方面是在精神上，省里的领导对我们篮球队都是非常重视的。

我也很感谢当时的江苏省体委的领导。他非常支持我的教练工作，不光是在口头上，在实际行动上也很支持我，能让我安心地指导比赛。

江苏男篮的崛起除了领导的重视，也离不开队员的努力。我到了江苏省篮球队之后，招到了一批优秀的运动员，后来当国家女篮教练的胡利德就是那个时候招进来的。我还向国家体委建议过，球队不能唯成绩论。因为每支队伍里队员的条件都不一样，有些南方地区，像广西等地方也有好的教练，但是受队员条件的限制，成绩一时难以超越条件好的队伍。所以我的建议是我们既要看结果，也要看过程，这样才能反映一个教练的执教水平。

正是因为有了大环境的支持和保障，我的教练工作才能顺利开展。也是在这么多人的共同努力之下，江苏男篮才能打出自己的水平，成长得如此快速。

六、率队征战国际赛事

在担任江苏男篮教练期间，让我印象深刻的比赛有很多，其中有一场是对波多黎各队的比赛。那时候波多黎各队虽然不是世界上最好的球队，但他们当时也具有较高的水平。

　　另外，这场比赛是一场友谊赛，不是正式的世界大赛，所以它的价值不算太高，只能作为一个案例来分析。波多黎各队之前在北京打过两场比赛，一场是和八一队，一场是和北京队，这两支队伍都是国内的强队，但是它们都输了。当时队员们一看北京队都输掉了，就没有信心了。所以我们准备这场比赛的时候主要抓两点。

　　首先是树立信心，那个时候有国外球队到中国来比赛，比完一场就知道全国是怎么比赛的了，因为那时候国内球队的打法、风格相似。所以我就跟队员们分析，我们江苏男篮要有自己的打法，对手不可能知道我们的打法，这就是我们的优势，也就是说我们在暗处，对手在明处。

　　其次是树立责任心。因为跟我们打完比赛后，波多黎各队下一场的对手是上海队，我估计上海队打不过它，所以我激励队员说："如果你们赢不了这场球，那它等于在中国通吃。所以你们必须负起责任，就是说一定要把这个任务担下来，不能让外国球队看不起我们。"

　　我们有了信心，有了责任心，比赛就有了获胜的基础。第一场我们打得特别好，如有神助，队员们发挥得非常好，打得波多黎各队没办法招架。但是打完以后，波多黎各队不服气，临时决定再打一场，所以一共打了两场。这下，南京轰动了，球场外面围得都是人，大家都要来看这场比赛。

　　第二场比赛到了最后我们赢了几分，还好没输掉，再打下去的话，可能就要输了。所以我总结我们能两胜波多黎各队除了实力上的较量，也存在一定的偶然性，那就是他们摸不准江苏男篮的打法。我们在前期做了充分的准备，比赛结果也证明了我们的实力。

　　我们当时在技术上主要讲究灵活性。我那个时候写过一篇文章，讲的是小个儿的优势。我认为小个儿最主要的优势就是灵活性。拼速度，小个儿跑一步半，大个儿只需要跑一步，小个儿不一定比大个儿快。只有在动作变化的时候，小个儿的灵活性才显示出来，因为大个儿的身体转动半径大，大个儿转个身跟小个儿转个身是两回事儿。所以灵活性是小个儿的最大优势，我们的技术、战术都是围绕这个点来做的。那个时候我们要求队员技术全面，因为只有技术全面，我们才能扩大防守范围，才能够有赢的希望。

七、我的队员各具特色

当教练的这段时间里，让我记忆深刻的队员有很多。我们有个队员叫李春祥。有一次在和天津男篮的比赛中，比分咬得很紧，尤其到了关键时候，不能有任何闪失。那个时候必须非常明确主要进攻点在哪里，队员们必须要提高投球的效率，李春祥作为当时的主力队员，大家的注意力都集中在他身上。

天津男篮的队员由于过于紧张，在比赛中也容易犯错误，结果李春祥一投篮对方就犯规。难能可贵的是，李春祥在这场比赛里面的罚球全进。在这样紧张的氛围下，他能够保持这种稳定性是非常难得的。

李春祥除了有技术上的优势外，他的个性也非常有特点，他不认输。你要是抢到他的一个球，他非把这个球抢回来不可。作为一名运动员，这种个性是非常可贵的。虽然他的身高只有 1.78 米，跟我差不多高，但他能够打到国家队，而且在全国成为比较知名的运动员，一方面是因为他打球的技术好、稳定性强，另一方面是因为他的性格非常好。

另外，可能很多教练员都有体会，一支球队就像一个戏班子。譬如唱《红灯记》，角色不能多，多一个戏就唱不起来了，但少一个也不行。篮球队也是这样，各个角色都要有。

我们有个优秀的队员叫孙凤武，他曾是国家男篮的，后来当了国家女篮的教练。那时候的孙凤武在国家男篮当主力，在场上打组织后卫，他的教练是钱澄海。打全国联赛时他要回江苏男篮来参赛，但他上不了首发阵容。为什么呢？就是因为他的角色可能和别的队员重合了。所以我们球队那个时候比较好的就是角色比较全，这也是我们进步较快的一个重要因素。

给我留下深刻印象的队员还有宫鲁鸣。宫鲁鸣是江苏男篮当时的全队核心。他虽然个头不高，1.72 米，但打球非常有特点。曾经有教练问我："你为啥培养这样一个运动员？"刚开始的时候，宫鲁鸣对自己也有些信心不足。那时，美国有一位非常出色的运动员，他和宫鲁鸣的个头差不多，技术超群，比赛中只看到他满场飞奔。这位队员对宫鲁鸣树立自信心起到了极大的作用。

宫鲁鸣很努力，他的性格也非常好。他不怯场，任何比赛他都敢打敢拼。而且他很聪明，在场上善于利用自己的优点，避开自己的缺点。所以他后来打到国家男篮主力后卫，这是很了不起的，我也非常佩服他。宫鲁鸣跟李春祥不是同一个类型的运动员。他是侧重智力型，所以他后来能当国家队的主教练，令人骄傲。

说起国家队的胡利德，他是我的老乡，江苏无锡人。这名运动员对我们江苏男篮（图 2）的贡献非常大。他身高 1.84 米，在那个时候不算矮。他打球的技巧非常好，技术全面，视野宽广。后来他当了很长时间的国家女篮教练，跟钱澄海、程世春他们一起执教。

我们打到全国亚军时，队内的中锋第一高度是 1.96 米，第二高度是 1.94 米，第三高度是 1.92 米，第四高度是 1.83 米，第五高度是 1.72 米，这在当时来讲其实都是偏低的。我认为一支篮球队的关键是人员的搭配和人员的条件，这两点都非常重要。

图2 1978 年江苏男篮集体合影（后排左二为李方膺）

八、篮球教练员培训的苦与乐

我退休以后，帮国家体委做些事情，参加了很多项目，可以说这是我篮球生涯的一个延续吧。我的主要工作是篮球教练员岗位培训和全国篮球教学训练大纲的编制，还有其他一些小的事情。

篮球教练员岗位培训的工作是非常艰苦的。当时国家体委想参考老一辈教练员的经验，请老前辈来任教，并让我去负责这个工作。

前辈们十分支持和配合我的工作。每次定好大纲，我都会请他们先看。他们按照大纲编写内容，写完以后我再提出一些补充意见。这项工作并不轻松，需要大家齐心协力，我对他们十分敬重，工作也圆满完成。

　　篮球教练员岗位培训这项工作其实很复杂，包括拟定考试题目、组织教练员考试，还有后期邀请外国专家来讲课，等等。当时国家体委建立了篮球教练员岗位培训制度，篮球教练员必须参加，如果不参加，就得不到岗位培训合格证，就不能上岗，政策执行很严格（图3）。另外，我还参加讲课，杨伯镛指定我讲篮球战术训练，我在授课之前都会提前认真地备好课。篮球教练员岗位培训工作能够顺利进行，离不开北京体育师范学院的领导及教授们的全力支持和无私帮助，时至今日，我仍然很感谢他们，也非常想念他们。

图3　1998年全国篮球教练员岗位培训（高级班）结业合影

（前排右四为李方膺）

　　篮球教学训练大纲由三个部分组成：教学训练大纲、教法指导术和声像教材。具体由9个项目组成一个整体，我们的项目在之后还得了一个部委级的科技进步奖一等奖。

　　这些工作不是我一个人能完成的，在教法指导术方面我有一个团队，团队成员有的来自专业队，有的来自各个院校，大家通力合作。我在团队中主要负责协调工作，最后我负责编制成一个总稿，这项工作前前后后大约花费了三年时间。

九、篮球生涯中的伯乐

在我这一生中，有几个人对我特别重要。第一位是我在无锡时认识的一位前辈，也可以说是我的老师，叫张嘉夔。他在无锡是一位知名的体育界人士，曾经参加过奥运会的三级跳远项目。我从小受他的启发，得到了他的很多帮助。而且他对晚辈很关照，为我们创造了许多机会，所以我第一个感谢的就是这位老师。

第二位是牟作云。他对我非常好，非常重视我、照顾我。1958年，他让我担任国青男篮教练并带队到苏联去比赛，他那个时候是司长。牟司长是中国最权威的教练之一，第一届国家男篮就是他带的。他对我的影响很大，特别是他为人处世的态度。国家体委经常叫我去做些事情可能就是从他开始的。

第三位是我在军区体工队的教练吴成章。他在军区体工队当教练的时候，我们一直在一起，有四五年的时间，他是教练，我是队员，我们的感情也非常好。他有很多很好的经验，对我的帮助很大，我很感谢他。

对我有重要影响的还有两位，他们分别是我们当时的江苏省委宣传部部长和体委主任。在我们篮球队最困难的时候，直接送来关怀的就是江苏省委宣传部部长，他叫陶白，是个文人，喜欢写诗。

他在"文化大革命"时期受到了冲击，后来复出到军区体工队给我们开大会、做报告，他说的第一句话居然是："李方膺来了没有？"第二句话是："李方膺对江苏篮球是做过贡献的。"这两句话至今都让我很感动。

另外一位是我们当时的体委主任，叫沈战堤。他是一位非常有亲和力的领导，能和运动员们打成一片，每个运动员他都叫得上名字。他也懂行，要找到这样一位主任真是太不容易了。他对我的工作全力支持。如果他当时没有把我的事情汇报给省委，那我或许就无法成为现在这个样子。

除了这几位前辈，国家队的一批老教练对我的帮助也很大，包括张子沛、钱澄海和北京体育大学的几位老师。另外还有我最亲近的几个队员，如胡利德、宫鲁鸣等，他们对我的教练工作帮助巨大，我也很感谢他们。

十、关于篮球的些许遗憾

我的篮球生涯可以总结为有收获，有遗憾。收获就是我个人的努力加上有利的环境条件，让我取得了一点点的成绩，但是也有遗憾。从运动员的角度来讲，我没有达到理想的水平。从教练员的角度来讲，我痛失了两次获得全国冠军的机会，这成为我终身的遗憾。

回顾江苏男篮的历史，我也做出了一些贡献：第一是带领江苏男篮从一支相对落后的队伍进入了全国的强队行列；第二是为国家男篮输送了好几位优秀运动员，而且里面有几位运动员后来还当了国家男篮和国家女篮的教练；第三是为江苏男篮建立了一个独特的训练体系。

外面有说法称江苏男篮是南派风格的代表，这不是我们自封的，是全国的篮球教练员和运动员的共同看法。对于我个人来说，在比赛和训练期间，我一直坚信一句话，叫"凡事预则立，不预则废"。就是说，我们不打无准备的仗，对每一次训练、每一项工作，我们都要事先准备好。所以那个时候的每次训练，都是我精心策划的。有的时候为了一个训练项目的选择，我可以自己在房间里边走边思考两个小时。因为训练没有现成的方法，有时候也要根据实际情况确定最适合的训练方式。

从训练计划到每一节训练课，可以说都是我精心策划的。有了训练计划，之后要做的就是狠抓每一个技术环节，也就是提要求。你的要求必须明确、严格，训练不是运动员拿着球到场上按照训练方法跑跑就行了，没有要求的训练等于没训练，我作为教练要抓技术细节，抓得非常细。遇到训练不符合要求的队员，我会马上纠正他们的错误。

我有个爱好或者习惯，我喜欢反思。我每做一件事、每安排一次训练，必须要回过头来看一看，看看效果有没有达到，分析为什么达到，为什么达不到。所以每次训练完了以后，我都有个反思过程，以便及时发现问题，纠正方向。

在管理队伍方面，那个时候我们江苏男篮有个很好的做法，每次比赛前开准备会不是我先讲，而是队员先讲，以队员为主体展开讨论。当然，我是有自己的方案的，但是我不拿出来，我让队员们先发言。这样有几个好处：第一，我可以知道队员的真实想法；第二，队员提出的好的建议，有可能是我没有想到的，通过讨论，把我的想法和队员的想法一结合，确定一个最终的方案，这个方案就成为全队共同的方案。这样一来，队员们就知道应该怎么去打，都可以算作半个教练员了。我一直坚持从群众中来、到群众中去的训练方法，倾听队员们的声音。

但是我们江苏男篮有个遗憾，就是没有拿到联赛的全国冠军。这里面有偶然也有必然。必然是什么呢？首先是我们的队员配置，我们的后备队员很少，主力队员只有五六个人，我们缺乏足够的替补人员，无法及时调整阵容。其次是高度，我们从乙级队打到甲级队，之后打到全国亚军的时候，我们队里的中锋第一高度是 1.96 米，那个时候是不算高的。从偶然性来讲，就是我的教练工作没做好，这是让我比较遗憾的。

回顾我自己从事篮球的一生，可以说有高光时刻，也有低谷时期，但是我都走过来了，现在想想，这些经历都是很值得怀念的。

胡利德的篮球故事

胡利德

胡利德，男，1937 年出生于江苏省无锡市，著名运动员，国家级教练员。1956 年进入江苏省体育干部培训班，1959 年进入国家队，1965 年退役。1965—1979 年担任国家女子篮球队主教练，1981—1985 年担任国家青年女子篮球队主教练，1986 年担任国家女子篮球队副领队兼教练员。1992—1995 年担任国家体委训练局技术咨询委员会主任。1999 年获"新中国篮球运动杰出贡献奖"。

胡利德（中间者）与访谈人员合影

访谈时间：2021 年 4 月 16 日
访谈地点：北京·胡利德家
受 访 者：胡利德
访 谈 者：刘 欣
撰 稿 人：刘 欣
访谈助理：孟 涛

一、少年篮球时光

我是江苏无锡人，生于 1937 年。我小时候，无锡的群众体育开展得比较好，很兴旺，尤其是篮球，大家都很熟悉也很喜欢。学校、工厂的篮球活动非常普遍，纺织厂、钢铁厂、造船厂等都有篮球队，大家喜欢将几个同学、朋友组织起来，业余时间到球场去打球、比赛。

我在家排行第二，上面有个哥哥，最早我是观众，看我哥哥打球，也常看专业球队打球。我们那个地方，经常来的是上海男篮，因为无锡就在上海和南京的中间，上海的红队、白队常来常往，还有体干班①。当时的体干班都是专业队，比如华东体干班、江苏体干班、安徽体干班。

无锡的东南西北各有一个门，每个门周边的学校和工厂也都自发组织了篮球队。我们南门的篮球队叫东方红，既有学生也有工人，北门、西门、东门也有这样的篮球队。如果南门的篮球队到北门去比赛，观众也跟着一起去看。

这样，在耳濡目染之下，我上中学以后开始打篮球，那时候我十四五岁。我家的院子比较大，我在院子里搞了个篮球架，在那里活动。放学以后，我要么自己练习，要么叫上同学、朋友到我家里一起打球。当时也没有人教，都是自学，然后就是比赛、打野球，大家说去哪儿就去哪儿，或者跟着一个球队去打球。

我们当时是穿布鞋打球的。一是布鞋不滑。我们打球的场地是沙土地，滑得很，学生们一般习惯穿布鞋，现在叫解放鞋，就是用橡胶套起

---

① 体干班，全称为体育干部训练班。

来的那种布鞋。二是为了省钱。我们是学生，不是专业队，没有那个条件。

球队总要有花费，我们经济条件不好，地方上有喜欢篮球的，经济条件好一点的人，我们就推举他当领队，做服装、外出比赛的车旅费，等等，都是他负责。因为他有工作，喜欢篮球，就出来带领大家。我们一般是到苏州、常州等周围地方比赛，不太远。领队出钱，我们去搞场地，当时都是土场地，我们还要自己修缮一下，如压场地什么的，弄好后大家再打球。

比赛是按照正式规则进行的，也有裁判。有人喜欢当裁判，就去参加培训，这样就可以上球场做裁判了。有时各队之间也会发生一些冲突，当时北门有个篮球队，我们是南门的，就被分成南门帮、北门帮，大家在一起比赛，互相之间很计较，现在想想蛮好玩的。

当时我在第三中学读书，因为有一定篮球基础，被体育老师选拔为校代表队成员。那个体育老师比较喜欢篮球，就把我们几个集中在一起训练和比赛。训练不多，一个礼拜平均练两次，学专业队的样子做做准备活动，然后练练脚步等，都是基本动作。比赛也很容易组织起来，只要有同学打电话，通知集合的时间、地点，我们就过去比赛。

后来我被选进无锡市中学篮球学生联队，代表无锡市学生打联赛。那时我们学生联队的水平不低，专门跟外面来访问的球队打比赛。江苏体干班、安徽体干班等都是专业队，我们跟它们水平差不多。上海红队和上海白队也常到无锡来访问，无锡没有专业队，只能是我们学生联队或工人队跟他们比赛，还吸引了挺多观众。

打篮球对我的学习还是有些影响的，我太喜欢篮球了，有时候因为比赛只能请假不去学校，好在父母亲知道我这个爱好，也比较支持。

江苏省召开运动会的那年，无锡要组织一个市代表队参加篮球比赛，从学生联队、工人队以及政府机关队里选人组队，我是从学生联队中选出来的，成为无锡市代表队的一员，参加了江苏省运动会。

二、开启职业生涯

我篮球打得不错，江苏体干班和上海红队都看中我，想要我。江苏体干班就是江苏队，上海红队属于华东区队，当时江苏属于华东区，华东区看中谁，江苏是没办法不放人的，正在交涉的时候，华东区撤销了，江苏和上海平级了，于是江苏省体委通过江苏省的教育厅下调令，到无锡市教育局调我。

1956年我读高二，调令来了，学校找我谈，我服从组织决定。家里也同意，当时家里经济条件比较困难，少一个人能减轻负担，我去打篮球算是参加工作了，所以调令来了我就走了。当时江苏体干班正好在无锡体育场冬训，我就是那个时候在无锡进队的。

那个年代我们的运动队刚刚建立，还不懂得什么训练理论，都是学习苏联。当时运动队为了提高运动员的身体素质和专业水平，搞全面身体训练。我们几个补招进去的学生，身体都比较单薄，为了防止伤病就要靠全面身体训练，不只训练篮球技术，其他的项目也得练，田径（跑、跳、投）、举重等都得练。

江苏体干班是1953年成立的，当时没有篮球教练，第一任教练我听说叫储雄堡，是田径权威人士，在江苏省比较有名，他是田径教练兼任篮球教练。1955年，解放军部队下来一批体育干部。当时从华东军区下来的，有的调到八一体工队了，有的分到上海体工队和江苏体干班。我在江苏体干班的第一任教练是李方膺，他带着我们训练，全面提高队员的身体素质。

江苏体干班最早设在江苏师范学院里面，1955年搬到南京，在山西路一个叫老菜市的地方，有两间办公房，一个宿舍，一个农场，就是这么一个简单的地方。因为南京基地的设施不够完善，队伍就来到无锡，借了无锡的体育场、田径场、健身房进行冬训。

跟以前相比，专业队的训练更规范，我适应起来还可以，跑一万米也能坚持，当然训练很累，但我还能顶得住，有的人就不行。我是有基础的，我原来在学校里不光喜欢篮球，从事其他运动的基础也很好，我虽然没经过专业的田径训练，但成绩不错，我在无锡市学生比赛的400米跑、4×400米接力跑项目中都取得过好名次，我们第三中学的体育在无锡市算是搞得好的。

在个人技术上跟老队员比起来，我就有差距了，有些东西我是会的，但不如他们好。进队后我的进步挺快，我1956年4月报到，5月1日就有比赛，队里当时有好几个老队员腿受伤，不能参加比赛，我就有机会上场，那是我第一次跟着篮球队从无锡到南京去比赛，因为打得还不错，我就受到重点培养，一年以后，我就在江苏男篮当主力了。

当时全国的篮球队分甲级队和乙级队，1957年江苏男篮是乙级队，我当主力后我们在乙级队里拿到冠军，升入甲级队。

我在江苏男篮时想法很单纯，就是要进步，要提高，要打很多比赛。除了全国联赛以外，还有协作区的比赛。原来全国分六大行政区（东北、华北、华东、中南、西北、西南），华东区的福建、上海、浙江、江苏、安徽、江西、山东这几个队，再加上一些部队球队，组成协作区。各队互相邀请，今年我邀请你们来，明年你邀请我们去，这是协作区比赛。

我们平时在南京训练，那时候还没有推行"三从一大"，一天练几个小时，或者上午练一个半小时，下午练两个小时，有时自己还会加练。逢年过节练完后我就可以回无锡了，南京到无锡很近，几个小时就到了。

因为江苏男篮进步比较快，从乙级队进入甲级队，后来又打到全国第四名，所以受到了国家体委的重视。我1958年入选国青男篮，随队访问了苏联（图1），江苏男篮在1959年代表国青男篮参加了世界青年联欢节①。世界青年联欢节上只设置了两个体育项目，一个是篮球，一个是乒乓球。

1959年9月，第一届全运会召开，我们江苏男篮得了第四名，第一名是四川队，第二名是北京队，第三名是八一队。

图1　1958年国青男篮访问苏联
（二排左四为胡利德）

三、国家队记忆——训练生活

全运会以后，国家要正式成立国家篮球队。过去的国家篮球队是以八一队、北京队为主，再加上天津队、上海队的个别队员。1959年全运会以后，国家要在全国范围内重新选拔队员，正式成立国家篮球队。

① 世界青年联欢节，又叫"世界青年与学生和平友谊联欢节"。1959年，第7届世界青年联欢节在奥地利维也纳举行。

就这样，我们十几个比较优秀的篮球运动员被选拔到北京，连户口也调过去了。

我按时来到北京，到北京体育学院（现为北京体育大学）运动一系报到。我们当时只是借北京体育学院的名义，跟北京体育学院关系不大，我们报到的地点在篮球训练基地——天坛对面的一个俱乐部，那个地方现在已经改成体育宾馆了。

当时国家组建了两支篮球队：国家一队和国家二队。国家一队是原来的国家队，有钱澄海、杨伯镛、张锡山、俞元煦等人，还有天津队的米宝荣，上海队的周明镐、贾钦升等，一共十三四个人；国家二队就是我们新到的这些人，也是十三四个人。有从天津队来的安毓平、王家桢，还有从黑龙江队来的，从江苏队来的是我跟王锦和。黑龙江队来的人比较多，因为1959年全运会前后，国家邀请了外国队来访问，黑龙江队赢了匈牙利队，匈牙利队是欧洲前几名的队伍，所以黑龙江队就成为样板了。我们还有来自北京队的吕长新，年轻的还有广东队的张光禄、八一队的符瑞德等。国家成立两支队伍的目的是更好地互相竞争、促进和提高，二队的队员年轻，一队的队员年龄大一点。我是二队队长，是水平比较好的主力。

两支队伍不在一起训练，住处是分开的，但吃饭在一个食堂。一队的教练是陈文彬，二队的教练是张子沛。两支队伍经常打比赛，而且打得很激烈。经过一段时间，1962年，二队的5个队员进了一队，除了我以外，还有吕长新、王锦和、张光禄、安毓平，加上一队留下来的钱澄海、杨伯镛、张锡山、俞元煦和蔡集杰，我们合起来成了一队。为了提高大家的水平，我们二队上来的5个人就和一队的老队员打对抗赛，开始我们总是输，后来比分慢慢接近，再后来我们年轻的就赢了。两个教练，陈文彬带老队员，他是原北京队的，那些老队员他带惯了；张子沛带我们这些年轻队员，他原来是八一队的，脑袋瓜好使，是军师，对我们年轻人的培养、训练、要求，都是很严格的。

我打球比较灵活，特长是投篮，投篮的方式比较多，我总能得分，是得分手。当时国内运动员多擅长中投，但我中投、远投都行。我远投时用双手投，不像现在这样跳起来，我是用双手定位。那时还没有 3 分球，我投的距离算比较远的。控球比较好的是吕长新和钱澄海。

那个年代比赛不多，20 世纪 60 年代我们参加了社会主义国家友军体育运动会的篮球比赛，这是军队系统的比赛。还有一个公安系统的比赛，叫"社会主义公安体育组织男子篮球赛"。二队主要是代表前卫队参加公安系统的比赛，队员可以从一队里面选，两个队统一调动。我经常参加前卫队的比赛，在第一届公安系统比赛上就拿了冠军。社会主义国家友军体育运动会的水平比较高，开始我们是以国家主力队员为主，再加上八一队的个别人组队参赛，到了后来，社会主义国家友军体育运动会就是国家队出战，1965 年的时候，为了准备在保加利亚举行的社会主义国家友军体育运动会，国家队全部并到八一队去，在红山口训练了一年多。

国家队的训练要求比较严格，因为对抗比较强，训练强度就大，我们一天要练七八个小时。我们早晨六点起床，六点一刻出操就开始猛跑，冬天也一样，在室外练一个小时，回来吃早饭。早饭后八点半开始上午的训练，起码练两个小时。下午一点开练，一直练到晚上七八点。当时排球队要练七八个小时，我们篮球队也向他们学习，但是篮球练习的动作幅度大，每天练七八个小时是很辛苦的。从十二点吃完中午饭练到下午五六点我们就饿了，当时有的队员中午会拿个馒头或别的东西到球场，在休息时一边喝水一边吃，要不然顶不住，尤其个子高的队员。

我当时查出来心脏有点问题，受到照顾，大运动量的训练要减掉，负重大的、长距离的训练都减免。领导很关心我，让我好好查查，北京阜外医院、上海的医院我都去查过。因为这个原因，我没有完全经历大运动量的训练，有很多运动员就是经历了大运动量的训练而受伤的，膝关节或者腰部受伤的不少，但大家都没有怨言。

党和国家非常重视和关心我们，在吃住方面做了很好的后勤保障。我们的居住条件也在改善，原来我们就住在天坛东门对面的一个四层楼里，后来国家给运动员建了公寓大楼，四层楼改造为国家体委的办公楼。

四、国家队记忆——比赛经历

我在国家队遇到的两位教练是陈文彬和张子沛，他们的风格不一样，各有特点。陈文彬原来是北京大学的学生，留过苏，俄语很好，对新鲜事物接受很快。他有思想、有思路，总结的时候非常清楚，口才好，列几条提纲能讲一天。他很早就入党了，看问题确实有水平。全国还没开始学《毛泽东选集》时，他就已经组织我们篮球队学《毛泽东选集》了，他给我们讲毛主席的《论十大关系》，讲"十大关系"怎么运用到篮球上面。他还给我们讲毛主席的军事思想，以弱胜强、围点打援、积小胜为大胜等，让大家学习，学了就用。在学习毛泽东思想方面，我们篮球队在国家体委里面是先进单位。如果说陈文彬的特点是大方向看得清楚，那么张子沛的特长就是具体战术的分析运用，比如采取怎样的打法，如何应对变化，怎么发挥长处，怎么用优点攻人家的弱点，等等，都由他来布置。队伍主要是陈文彬管理，张子沛是出主意的军师，他们俩一粗一细，正好互相配合。张子沛在培养我们这些新生力量上下了很大功夫，我们很服他。

那个年代国际比赛少，1963 年有一个新兴力量运动会①在印度尼西亚雅加达举办。1962 年，国家体委主管外事的黄中副主任带着国家篮球队和国家青年排球队，飞到印度尼西亚讨论运动会的事情。印度尼西亚总统苏加诺专门在独立宫会见了黄中，1963 年，印度尼西亚举办了首届新兴力量运动会。

我们派出 200 多人参加这次运动会，那时候国家大飞机还不多，只派出一架专机。专机座位有限，只有比较优秀的、能拿冠军的队员可以坐专机，其他人都得提前坐船走。因为坐船时间比较长，这里面就闹了一些笑话。

我们坐的是咱们中国当时最大的一艘轮船——光华轮，船上除了中国运动员和上海杂技团的演员以外，还有朝鲜运动员。轮船前舱全是我们中国代表队的运动员，后舱是朝鲜代表队的运动员。当时朝鲜运动员要去参加运动会只能坐咱们的船。我们的篮球运动员个子高，小床睡不下，只能睡通铺。

开始大家都很兴奋，拿水、拿饮料，因为要在船上待好几天，所以都拿得很多，但是后几天到餐厅吃饭的人越来越少，最后没几个人了。为什么呢？都晕船了，根本出不了门。我们篮球队原来还在船上训练，下午 3:00—5:00 在船上活动活动，到后来也都晕船了，看见东西就吐，那就没法练了。上海杂技团在大客厅里面练习，大家都凑过去看，看着看着，篮球队杨伯镛跟上海杂技团的演员杨慧芳就认识了，回来以后他们就成一对了。

这届运动会参加篮球项目的有五六支队伍，我们的主要对手是巴西队，预赛中我们赢了巴西队，决赛的时候巴西队以判罚不公为由退赛了。其实是他们在预赛里输给我们中国队太多，一看打不过，就放弃了

---

① 1963 年 11 月 10 日，首届新兴力量运动会在印度尼西亚雅加达开幕，共有 48 个国家和地区派遣代表团，共有 2404 名运动员参加了篮球、排球、足球、田径、游泳等20 个大项的比赛。尽遣精英出赛的中华人民共和国代表团独得 66 枚金牌，位居金牌榜第一。

决赛，我们拿了男篮比赛的冠军。当时国家女篮也拿了冠军，教练是杨福鹿，后来他担任了北京体育学院院长。新兴力量运动会之后，国家给我们发奖，冠军是一等奖，包括一张奖状、一个笔记本、一支笔，那年的奖励就是这个。

1965 年是我运动水平的巅峰时期。在保加利亚参加社会主义国家友军体育运动会，我一场球总要得个二三十分，最终我的得分排名第二。当时苏联代表队的水平代表了他们国家男篮的水平，队员里有个 2 米多的大个子，叫米尔切夫，他防我。大家相互配合，给我创造机会，他看得很死，但队友给我掩护，帮我摆脱对方的防守，只要球给我我就能得分。

我在场上主要是跟中锋张光禄配合，他个儿高，块头大，可以帮我掩护，让我摆脱对方的防守，我就围绕着他打。我们二队的那一拨人，配合了好多年。当年我们打球都是靠配合，越是简单的配合，越需要高超的技术，正因为技术有差距，才需要全队配合，创造得分机会。不像现在，球员的身体素质好，身高高，打起球来就简单了，两个人通过运球打配合，然后传给你就完了。

五、潮起又潮落

我 1964 年结婚，家属在南京。运动员平时很少回家，春节放假 3 天，年三十下午练完，我跟田径队的队员胡祖荣一起坐火车，他去济南看女朋友，我到南京看我爱人，一节车厢就我们两个人。

1965 年我退役了，打算带着关系回省里去，但是组织不同意，叫我留下来，当国家女篮主教练。同时退役的钱澄海当国家青年队主教练，杨伯镛当国家青年女篮主教练。我是共产党员，必须服从组织安排，所以就留在北京跟家属两地分居了。没想到我们夫妻一分居就是 9

年，一直到 1973 年她才搬到北京。

我带国家女篮后的第一个任务是参加第 1 届亚洲新兴力量运动会，该赛事于 1966 年在柬埔寨首都金边举办。参赛的队伍不多，也没有强队，我们拿了冠军回来。后来我还带队到欧洲一些国家出访，1966 年到过波兰（图 2），1971 年到过阿尔巴尼亚（图 3），参加的都是友谊赛。

图 2　1966 年摄于波兰（左一为胡利德）

图 3　1971 年摄于阿尔巴尼亚（右三为胡利德）

　　"文化大革命"开始后，国家篮球队停止了训练。1972年，中央提出来要边训练边革命，国家篮球队就开始慢慢恢复了训练，当年还出访了意大利（图4），1973年又去了朝鲜（图5）。后来要准备1974年亚运会，国家篮球队的训练就基本恢复了。

图4　1972年摄于意大利（前排右一为胡利德）

图5　1973年摄于朝鲜平壤（后排右三为胡利德）

　　国家女篮的恢复情况还不错，承担过一些外事任务，比如接待柬埔赛西哈努克亲王。当时美国的一个俱乐部篮球队来访，和国家女篮在首都体育馆打表演赛。国家女篮那时还有一些训练，但并不规范。国家女篮重新参加正式比赛是从1974年的亚运会开始的，在伊朗，我们拿了第三名，韩国队、日本队分别是冠军和亚军。

20世纪70年代亚洲女篮在世界篮球赛里的名次很好，日本队和韩国队都是前几名。日本队当时拿过奥运会亚军，韩国队大概是第三或第四名。日本队和韩国队在世界锦标赛的名次也是靠前的，再前面是苏联队或者美国队。20世纪70年代美国女篮来过中国，具体是哪一年我忘了，来的是大学生联队，是比较好的一支队伍。那次比赛就在首都体育馆举行，我们国家女篮赢了，赢了20多分，那个时候我们国家女篮的水平是不错的。

1976年国家女篮参加的最重要的赛事是亚洲女篮锦标赛，比赛在香港举行。在此之前我曾经带队到日本去，比赛全输了，那时候咱们刚刚开始训练，就是为了准备1976年底在香港举行的亚洲女篮锦标赛。日本女篮主教练叫尾崎正敏，后来当了日本篮球协会的主席。"文化大革命"期间尾崎正敏带队访问过中国，当时的比赛我们赢了。他跟我关系不错，我们到日本时，他对我们很友好，训练也公开，我们因为很长时间没训练了，就跟着他一起训练，他帮我带领队员做准备活动，腰腹力量、身体训练他都教。回国后我们慢慢总结提高，亚洲女篮锦标赛时我们打败日本队，最后是跟韩国队争夺冠军。

从实力上讲，我们比韩国队弱一点，世界名次它排到第三，前几年我们都输给了它，亚运会它也是冠军，所以舆论都认为韩国队会赢。我们想的是以弱胜强，摆正位置去冲击冠军，并带着这个态度去比赛。

比赛一开场，大家有点紧张，打得很拘束，终究咱们实力弱，队员们放不开，不自如，我们的比分落后比较多。韩国队的技术、速度、远投等各方面都比我们好，锋线实力突出，外围活跃，中锋在篮下也有一定的威胁。结果上半场结束时，比分为31∶43，我们落后12分。中场休息时我们果断调整了打法，一方面积极防守，防远投；另一方面在进攻上发挥我们的高度优势，打内线。当时队伍里除了中锋以外，我们第二高度、第三高度都比韩国队高，我就让中锋、大前锋、小前锋这三个有高度的队员来回穿插，对方如果防守了这个，那个肯定就无人防守了，我们就用这个办法打，外面投篮投得很少，主要是靠身高优势打对方的薄弱环节。这一招果然奏效，慢慢地我们把比分追回来了，终场反超 5 分，以 73：68 取得胜利。

这场比赛我们的中锋方凤娣是发挥最好的队员，一个人得了 27 分，方凤娣就是姚明的妈妈，身高 1.88 米。另外两个前锋，一个叫张力军，一个叫张清云，都在 1.8 米以上。还有宋晓波，是个好苗子，后来成为名将，她当时才 17 岁，是张清云的替补。后卫一个是罗学莲，一个是单瑞荣。罗学莲是控球的，打哪里、打第几高度要靠她根据场上形势判断和运作。单瑞荣后来当了八一女篮的主教练，她的替补是赵爱丽。赢了以后大家都挺高兴，这确实是大家努力的结果，正是因为运动员、教练员一心扑在事业上，才能拿到这个冠军。

1976 年这个冠军是我们首次参加亚洲女篮锦标赛的第一个冠军，国家女篮夺得亚洲冠军在当时算是大新闻了，那时女排还没拿到亚洲冠军，国家女篮的这个冠军就显得比较突出。当时的口号是大球项目先上，女子项目先上。篮球的口号是女篮先上，男篮跟上。这是指导思想，我们要集中力量一步步来，不可能所有项目一起上。现在看三大球也是女子项目比较强，女篮、女足、女排都进奥运会参赛名单了。

1978 年以后，国家篮球队的情况发生了变化，各队不集中在训练局，都被分散到地方上去了，国家男篮分到八一队，国家女篮放到北京队，由地方负责训练。1979 年底，我到北京市体委参加国家女篮的集训，主教练是当时的北京市体委副主任程世春，我和白金申担任教练，但是在 1980 年 5 月的奥运会预选赛上，我们出现了失误。

预选赛的一场关键球是跟保加利亚队打，这场球打得很艰苦，比分咬得很紧。在最后 5 秒钟的时候我们赢保加利亚队 1 分，那时不像现在这样可以随时叫暂停，全场比赛一共就几个暂停机会。只剩 5 秒就结束了，我们领先 1 分，大家都很高兴，以为赢了，就松了劲。没想到就在这时候，保加利亚队从底线发球到中线，拿球队员一个远投竟然投进了，他们反超 1 分赢了我们，这下我们就错失了奥运会资格。这是个教训，我们赢球的时候球还没打完，队员们怎么能够高兴地往后面退，不防守了呢？让对手一个远投进去，输了比赛。不敲锣不能停工啊，打球就是要打到最后一秒才行。回来后我们对这场球进行了总结，我认为这是个教训。

1980 年底，国家女篮去香港参加亚洲女篮锦标赛得了亚军，输给了韩国队，输了 31 分。虽然当时我们拥有陈月芳、宋晓波，但还是输了，比分差距比较大。我认为，打球不能只靠勇气去冲杀，要有层次、有分析，要知道自己的优势和短板。我们有身高优势，但对方比我们灵活，我们不能拿弱点打对方的优点，应该发挥自己的长处，就是输也要打出精神头儿，不能失掉积极性，也不能赌气，否则会越输越多。按实力我们不该输那么多，两队之间没有这么大的差距，是我们的战术出了问题，造成了不理想的结果，我是这么想的。

1980 年以后，国家体委发现把国家篮球队分散到各省市的做法不行，所以国家篮球队重新回到了训练局，国家女篮教练由杨伯镛、王利发担任，队员大部分还是我们那时留下来的那一批。

六、一路前行

1981 年底，国家体委主管篮球的领导张长禄来找我，叫我赶快到营口去看全国联赛，挑选队员，组织国青女篮。队伍组建完毕后开始冬训，我记得是 1982 年，我带着队员到广西柳州篮球训练基地去，那个基地是当年我跟钱澄海两个人考察后定的。

在国青女篮我是主教练，张大维是助理教练，主要队员里中锋是郑海霞，后卫是江西的宗玉明，前锋是王玉萍，还有一个前锋是王军，来自广州部队。还有李昕、王芳等一批人。1982年，郑海霞15岁，从武汉部队过来，一个姓徐的女教练亲自送她，我们从北京坐火车去柳州冬训。郑海霞身高优势突出，身体条件还可以，我把她交给张大维重点培养。郑海霞年龄不大但很能吃苦，她之所以能打出来是因为她刻苦练习。为了让她把动作做得好一点，我们帮她矫正腿型，用了土办法，每天晚上张教练要把她的腿绑起来，晚上睡觉也一直绑着，冬训3~4个月，她都坚持下来了，非常不容易。

那个年代我们的训练条件很艰苦，摄像机都没有，条件不允许，打很多报告才能批一个。整个队伍就我们两个教练，一个队医，国家女篮的条件也是一样，不像现在的球队，后勤人员足足一个团队。

图6　胡利德在赛场指导队员

国青女篮成绩不错，1982年在菲律宾拿了亚洲青年女子篮球锦标赛冠军，1984年在亚洲青年女子篮球锦标赛上也拿了冠军，1985年参加了世界青年女子篮球锦标赛，拿了第四名，那是当时最好的成绩。我全面调度，临场指挥（图6）。打世界青年女子篮球锦标赛时我们缺了两名主力——郑海霞和凌光，如果她俩在，我们很可能拿到冠亚军，当时她们俩被国家队调走了，有别的任务，这是没办法的事。

我带队伍比赛，首先要进行实力对比，要知道对手跟我们的水平对比情况如何，要有一个总的评估。其次是要分析我们跟对手相比哪里是优点，哪里是缺点，要扬我之长才能有好的对策，不能只看表面上实力的强弱。教练有了正确的判断，才能引导运动员。

1985 年，我跟张大维在郑州训练基地，这是继柳州之后第二个篮球训练基地，我们突然接到回国家女篮的通知。原来国家女篮要换教练，而且队伍又要集训。因为国青女篮的成绩最好，所以叫我和张大维回来建队。我觉得自己年纪大了，主动让贤叫张大维当主教练。我们从郑州坐了 5 个小时的火车，第二天早晨 5:00 到训练局报到。

1986 年开始我们搞得还不错，参加了莫斯科世界女篮锦标赛，拿了第五名。其实如果跟捷克队那场小组赛不失误的话，我们可能就拿前三名了。比赛时本来我们占优势，上半场我们领先捷克队 17 分，下半场教练就换了两个人，把两个上半场打得好的队员换了下来。按道理这个做法也无可非议，比赛总要换人，不可能 5 个队员打满整场。可惜的是具体问题我们没处理好，没交代清楚，最后对方守了一个联防，我们几个投篮不进，让对方反超了，我们再换回那两个队员也无济于事了，最后输了几分。

1990 年亚运会时，我是国家男篮和国家女篮的领队，国家男篮赢了，国家女篮输了。预赛我们都赢了，决赛却输掉了。之后整个队伍调整，我就退下来了，1991 年到训练局技术咨询委员会工作，技术咨询委员会主任是钱澄海。1992 年钱澄海去印度尼西亚当专家，我接替他当了主任。1993 年，钱澄海从印度尼西亚回来了，我就去印度尼西亚当教练，1995 年我回国辞掉训练局技术咨询委员会主任的职位，办理了退休手续，然后因私去印度尼西亚讲学，又在那儿待了 2 年，1997 年我回国养老。

回忆我 25 年（1965—1990 年）的教练生涯，酸甜苦辣各种滋味都有。令人开心的是，起码有 80~100 名女队员都曾跟我训练，国家女篮和国青女篮的这些运动员现在在各省市也有一些影响，这一点对我来说也算令人欣慰吧。

钟添发的篮球故事

钟添发

钟添发，男，1938年8月11日出生于广东省东莞市，武汉体育学院教授，硕士生导师。1960年毕业于武汉体育学院并留校任教，1983—1991年任武汉体育学院院长。1991年调国家体委，先后任一司、计划财务司、二司司长。运动项目中心成立后，任国家体育总局小球运动管理中心主任。曾担任过湖北省人大代表、湖北省高校体育协会副主席、湖北省篮球协会副主席和中国篮球协会副主席。1999年获"新中国篮球运动杰出贡献奖"。

钟添发（左三）与访谈人员合影

访谈时间：2020年10月13日
访谈地点：武汉·钟添发家
受 访 者：钟添发
访 谈 者：孟滢
撰 稿 人：孟滢
访谈助理：李晓玉

一、误打误撞成就"体院小8号"

我1938年8月11日出生于广东省东莞市，兄弟姐妹4人，我排行老大。广东人对体育都比较感兴趣，耳濡目染下，我从小就喜欢体育，在小学的时候就开始跑步、打篮球。我过去个子很矮，不能在篮球场上打球，于是我就把祖母放在木盆边上的铁箍卸了下来，装在家门口的马路旁边，放学回来以后我就跟同学一起拿小皮球投篮。我也很喜欢跑步，每次学校比赛我总是拿第一。

中学以后我长个儿了，虽然也不算高，只有1.7米，但是我可以在篮球场上打球了。我特意买了一个橡胶的篮球，每天上学都装在书包里背着。课间操的时候，我拿着这个球出来投篮。放学后，我会叫上几个同学一起到外边找篮球场打球，很晚才回家。我当时特别喜欢体育，母亲是知道的。她等我回来才做饭。饭后，我也非常自觉地把功课做好。所以母亲对我很放心，她心里清楚我很热爱体育，也知道努力学习。

到了高中的时候，我已经是中学篮球队的队长，经常代表学校参加比赛。那时像我这样，文化课好、体育又好的学生确实很少。学校里很多老师都十分喜欢我。当时我在广州一中（广州市第一中学）的学生体育协会当主席，学校想培养我，就把我送出去参加广州市中学生篮球队的选拔。我那时候身高还是矮，所以不被看重，不过我也没有想去当运动员，只是纯粹地爱好篮球，所以我没有多想，能打球，我就很开心。

万万没想到我高考的时候出了个小插曲。因为我学习比较好，我报考的都是好学校，像清华、北大、北航这样的高校，我填报了12个志愿。但是成绩出来后，不是很理想。我没有如愿考上理想的大学。虽然班主任都觉得很惊讶，可是我心里并没有很大的压力。我决定复读一年。母亲也鼓励我第二年再考。结果过了几天，我突然收到一个通知，让我改填华中农业学院或者武汉体育学院。虽然我喜欢体育，但是我当时并不想往专业体育方面发展。

那几天我很纠结，也很无奈，我想读书，但是怎么办呢？母亲说："你既然喜欢体育，不如去体育学院读书，听说体育学院出国的很多，经常有国际比赛。"她劝我去试试。

就这样，我跟几个同学一块儿去了广州东较场。考体育是要加试的，我很长时间没参加体育运动，当时我只能硬着头皮去参加加试，没想到我考得非常好。广东东莞人都喜欢打赤脚跑步，我100米打赤脚跑了12秒4，那时这个速度是很快的，这样的成绩在当时的体育学院里也是很好的。

负责加试的体育学院教授说："你怎么不穿鞋跑？"

我说："我习惯了。"

他问我："你叫什么名字？"

我说："我叫钟添发。"

他说："不管后边这几个项目你考得怎么样，我们都准备要你了。如果你没有接到通知书，你也到武汉体院来报到，你来找我。"

那位老师在我考完第一项后就看中了我。后面那几项我也考得不错，跨越式跳高1.7米，推铅球十几米，只是引体向上差一点点。

当年我就被录取到武汉体育学院。从那时开始，我和体育真正结缘，从兴趣走上专业道路。来到武汉体育学院，我仍然非常勤奋刻苦，篮球队、田径队都想招我，于是我就参加了两个队的训练。没想到我训练田径一年后，五项全能就创下了湖北省的新纪录。

篮球的故事更精彩。武汉体育学院以前有个说法是"武汉体育学院出不了街道口，走不过关山"，为什么呢？街道口有武汉大学，关山那边有华中工学院，篮球比赛中武汉体育学院对阵两头都输，打不过这两支队伍。我到武汉体育学院后，篮球赛中对阵武汉大学队和华中工学院队时，我们队都打赢了。对华中工学院队这一场球打得非常激烈，从这场球开始，我这个"体院小8号"就开始出名了，从此，"体院小8号"就成为我的代号（图1）。后来外面的一些球队都来学校借我去打球，我曾被湖北公安男篮借去参加全国乙级篮球联赛，也被湖北省商业男篮借去参加全国商业系统的篮球比赛。

因为我在大学里篮球打得出色，所以学校想让我留校任教。此外，

图1　1958年武汉体院队与华中工学院队
争夺冠军时8号上篮（左一为钟添发）

因为担心我毕业以后被分配到别的地方去，学校就让我提前一年毕业，在我读完大学三年级后就通知我回校报到。就这样，我留在了武汉体育学院，开始从事体育教学训练工作，那一年我22岁。

二、压哨投中的第101分

我很喜欢学习，打篮球时也爱动脑筋。我通过看比赛，琢磨他们的动作、技巧。看完以后我自己会在课余时间拿着球去球场，一个人练习，反复研究。

在篮球方面，我个人有几个比较突出的特点：一是快攻，即借快攻强行上篮，因为我跑步速度快，所以快速上篮时，一般人追不到我。二是投篮稳，准确性很高。我投篮的时候，跳起来以后可以在空中变手投篮。三是擅长后仰投篮，那时一般人很难防守后仰投篮，我在运球突破时会突然往后一跨步，从后边后仰投篮，而且投得非常准，所以很多大个子运动员根本封不住我，我的这个特点是比较突出的。我当时留在武汉体育学院，既是老师，又是运动员。这几个技术特点正好被湖北男篮的教练看到，于是我1960年毕业后，1961年就被湖北男篮借去了。这也始于一次很偶然的相遇。

有一天我去看全国足球甲级队比赛，在新华路体育场。我正上台阶时，迎面走来一个很高大的人，我一看是刘贵乙指导。

他对着我笑了一下，说："你是不是叫钟添发？"

我很惊讶，因为没想到他会知道我的名字。我说："是。"

他说："你是不是五项全能冠军？"

我说："是。"

他说："你喜不喜欢打篮球？"

我说："喜欢。"

他说："你跟我一块到办公室。"我就跟着他去了。

当年的湖北男篮就在新华路体育场里面训练。他把我带到他的办公室，跟我讲了很多篮球方面的知识。他说："我们队看中你速度快、个子小、动作快、投篮准，我们想把你调到湖北队（湖北男篮）打球，你想不想来？"我说："不行。"我1960年大学毕业后就入党了，我说："我不能自己做主，要组织决定，组织同意我就来，不同意我就不能来。"他说："你不用担心这个事情，湖北队（湖北男篮）马上迎来与伊拉克队的国际比赛，我们就用迎战伊拉克队（的名义）把你借过来。"

果然没多久我就被借过去，参加与伊拉克队的比赛。打比赛不是主要目的，刘指导是想通过这个名义把我带进队里。随后，我跟随湖北男篮一起到广州先看伊拉克队对阵广东队的情况，再回来跟他们打。比赛结束后我被留下来了。每天三点一线，饭堂、宿舍、球场。

紧接着很快进入冬训，刘贵乙指导要提前去沈阳打前站，把我留在武汉。临走前他嘱咐我不要走，等他回来。那时候我爱人不太主张我当运动员，她说当老师好，当运动员就顾不了家。所以刘贵乙指导走了以后，有一天傍晚6点多钟，她来到体育场，叫我收拾好行李一起走。其他队员吃完晚饭都去散步了，我一个人跟着我爱人回武汉体育学院去了。刘指导从辽宁回来后，生气得不得了。回想起来，这也是一段有意思的小插曲。回到武汉体育学院后，我本心就是要好好搞教学，然而没过多久，我又被借去打比赛。1962年，湖北公安男子篮球队迎战蒙古公安男子篮球队。我最难忘、印象最深的一个球就在这场比赛中。

蒙古公安男子篮球队的篮球水平不高，和我们国内篮球队的水平差距很大，之前它跟中国国家队打比赛，比分为四十几比九十几。所以有一个不成文的规定，任何队伍跟它打比赛都是友谊第一，比分不能超过100分。我和队友们那天打得特别放松，最后打到99分的时候，我拿着球正往前运球，还有几秒钟，我想着随便丢一个算了。我带球一过中线就往篮筐里面抛，没想到这个球一下中了，101分，我当时高兴得跳起来。但是我下场后就挨批了。

这个球令我记忆犹新，因为超过100分的球是我投的，我也没想到在中线这么远的距离我还能投中。那个球是最难的，也是最难忘的。

三、训练有章法，育人有"四个追求"

1965年全运会最后一场对阵福建队的时候，对方一名队员全程盯我，全场40分钟紧逼，虽然我拼到底，但最后体力不支，上篮都很困难，可能对方也有一些小动作，最后我被打倒摔下来，我的腰椎当时就滑脱了。后来我被认定为伤残运动员，三级甲等。全运会摔伤后，我的运动员生涯就结束了。那一年，我27岁。之后我一直待在学校，再也没有到运动队去。

但是我的这一段运动员生涯，对我后来从事篮球事业是非常重要的。当过学生，当过老师，当过教练员，当过运动员，这些角色我全都体验过，这样才容易理解运动员的想法和心态，能够设身处地去考虑问题。

我当老师的时候受了刘贵乙指导的影响，我学习他。带队员时，我跟队员住在一个宿舍里，不回家，从早到晚都跟着他们。"一年打基础，两年出成绩，三年出人才"，这是我当时给自己定的训练任务。

目标有了，怎么完成呢？当年搞运动训练，如果没有比赛是很难提高队员的技术水平的。刻苦、反复练基本功是可以，但没有比赛的确不行。所以我当教练第一年的下半年，就采取了一个办法。那时候别人觉得我的想法太超前了，现在的人也可能觉得不容易做到。

当年，我为了把武汉体育学院篮球队的学生培养好，亲自写了很多信，寄到各个地方。我给湖南、广东、广西介绍武汉体育学院篮球队的情况，为了组织比赛。我的想法是这样的：我们到你这里来打三至四场球，你负责住宿和路费。我的队伍从武汉到衡阳，就帮我买到衡阳的车票。在衡阳打完比赛，从衡阳到桂林，再由桂林接待的人付我们这段路费，接力进行。

我真是这样做的。1973年我带着30多名武汉体育学院男篮、女篮的学生走遍了湖南、广东、广西，去过衡阳、株洲、桂林、柳州、梧州，然后到广州、佛山、中山，然后再到长沙，最后回到湖北，我带他们打了两个多月的球，搞拉练比赛。一圈转过来，队员的水平一下就提高了。而且出去打球的时候，我们到一些农村比赛，村民纷纷聚集起来，人山人海，树上、屋顶上面都是人。场面很热闹，学生们很兴奋，打得也好。训练武汉体育学院男篮和女篮（图2）时，我的指导思想是快速、灵活、准确，打一圈下来每个地方的反响都很好。为了实现自己定下的目标，我必须努力，哪怕困难重重。

图2　1980年武汉体育学院女篮训练（前排左一为钟添发）

我做老师，给学生讲第一堂课的时候，不讲训练，也不讲教学，先讲"四个追求"。1981年，我开始带研究生。我认为培养研究生，首先是让学生学会做人，然后才学习专业；其次，研究的内容要有价值，要对运动训练有指导意义；最后，学生必须积极动手，积极调研，积极写作。我对他们的论文要求是没有三次修改不能定稿。修改一次提了意见，再回去修改；再修改一次，再提意见再去修改，连一个标点符号错了，我都要指出来，一定要改。所有的表格都要规范，我对研究生的要求特别细。

我上第一堂课就是讲"四个追求"，这也是我人生的奋斗方向。

第一，追求事业。因为没有事业心，什么都搞不好，事业心驱动着，我们就会兢兢业业地工作。每个人都要追求事业，热爱事业。我爱篮球，爱学生，这样才能够把篮球事业做好。

第二，追求学问。学习是无止境的，是不能停止的。特别是学习国外的一些先进的技术理论。我现在仍然不断地学习，没有停止。退休以后我学电脑，学打字，学开车，紧跟时代步伐。不学就得掉队，不学什么都不会。

第三，追求文明。人的道德思想很重要，不追求文明，不对自己要求严格，你就不可能有更大的作为。所以我要求学生不能脱离政治，要关心国家大事，热爱国家，热爱人民。

第四，追求胜利。每场球都要想赢，做任何事情都要有信念，有必胜的信心，一定要成功，一定要做好。

我一开始就告诉学生这"四个追求"，他们到现在都经常用"四个追求"来鞭策自己。

我在做老师时，很重视教育学生先学做人，再学做事，要学习，要勤奋。学生不仅仅是会打篮球就可以，还要会教学、会训练、会当裁判、会组织竞赛，这是对个人篮球水平的更高要求，即使学生将来离开运动队也可以适应社会，跟上社会发展的步伐。

做老师的这几年，我一直严格要求自己，也严格要求学生。学生们对我很好，我们感情很深。

四、教学、科研、训练齐抓共管

1983年，我的角色又多了一个——武汉体育学院院长。我从来没有想过当院长，是领导、同事把我推到了这个岗位上。但不管我是去做教练，还是做院长，我都全力以赴，只因我热爱篮球，热爱体育事业。

我上岗后对自己提出一个特别的要求，就是我要当一个好院长，当一个与时俱进的院长。在当年，院长要把学校办好，要走在时代的前列，要突破旧的观念，这是面临困难和压力的。我经受了很多考验，也因为观念差异导致许多工作难以推进，但我只能咬紧牙关，坚定信念。

我从办好学校入手，提出我们要走自己的路，开拓新的路。北京、上海的体育院校里，老教师、老专家很多，理论研究也比较成熟，设备、条件都比武汉体育学院强。武汉体育学院要想超过它们，不走自己的路是绝对不可能的。

跟着北体（北京体育学院，现为北京体育大学）走，跟着上体（上海体育学院，现为上海体育大学）走，就永远在它们身后。如果想让自己的研究有说服力，更容易被专家接受和认可，办法只有一个，那就是突破过去以教学为重点的教学模式，找出武汉体育学院自己的发展道路。

"把武汉体育学院办成中南体育大学"这个口号是我在北体还没更名为北京体育大学的时候提出来的，但是这个目标最终没能实现。根据这个口号，我从各个方面进行了一系列的改革。以前提的"四会"就是会学、会讲解、会示范、会做动作，学完"四会"就算完成任务。我认为这样还不够，我们要突破旧的培养模式。比如，我提出要提高教学、科研、训练水平。当时很多人觉得不可思议，体育学院搞教学就好了，怎么还搞训练、搞科研？

我们埋头做事，学校先做好示范。我把科研的新成果运用到教学上，把教学中出现的问题，拿去进行研究，将科研与教学、训练紧密地结合起来。那段时间，我们确实取得了一些科研成果，如100米的牵引机、水上运动练习器等。相比老教师，年轻教师更有能力去突破，去进行应用研究。我把科研成果拿到国家女篮去试验，她们连上设备后，训练中的运动量、心跳、脉搏等指数全部能够实时显示出来，这改变了以往只能中途暂停去摸一下脉搏的做法。我派人到湖北田径队做牵引训练，牵引的机器在前面拉着运动员，你不跑它就牵着你跑，从而提高运动员的速度。

通过老师们的共同努力，武汉体育学院在科研上有了重大突破。1987年9月，在第三届全国发明展览会上，我校一项科研成果获得"黄鹤发明金奖"，这给了老师和学生很大的鼓励。在科研方面，我尤其重视篮球教研室。我给篮球教研室的老师分配不同的任务：一部分老师以教学为主，他们重点研究教材、教法、大纲、进度，以及学生的培养方法，以提高教学能力；一部分老师研究仪器设备，做实际应用研究；教研室的4位篮球国家级裁判员则以提高裁判水平为重点，研究裁判方法，同时给教学一些指导。

另外，1987年，我聘请了几位中国篮坛的权威人士作武汉体育学院的客座教授。如张长禄先生，当年他在国际篮联任职，任国家体委训练竞赛二司的副司长；杨伯镛先生，他是国家的功勋教练；刘贵乙先生，他是湖北省知名的篮球教练，也是国家队前任老队长；田国庭和高才兴先生，他们两位是国际级篮球裁判员。国际级篮球裁判员刚开完会，他们会先到武汉体育学院，把相关内容和变化向我们传达。所以我们得到的信息和技术是最快的，这是金钱都买不到的。这几位重量级的客座教授为武汉体育学院的发展做出了很多贡献。

五、开拓建设篮球重点专业

因为我是打篮球出身，所以我对篮球专业（现一般称为篮球专项）建设格外重视。我注重教学、训练、科研、竞赛齐头并进。

我请教授们到学校来，还有一些附加优势。过去的大型体育比赛从来不在学校举行。全国性锦标赛都是在大城市、大的体育馆进行。我聘任了这些客座教授后，当年我就申请在武汉体育学院举行全国青年篮球锦标赛。比赛引进来以后，我们受益很大。第一，给学校提供了便利条件，吸引了关注。以前看比赛要坐车到体育馆、体育场去，要到武昌、汉口去。现在直接在学校里，学校的老师、学生、工人都可以看比赛，周边大学的人也可以来看。第二，方便高校师生从事科研。第三，为学校师生提供了实践机会。学校里的老师可以做记录台裁判实习、技术统计，学生可以参与一些实践工作。第四，获得经费支持。承办比赛有经费，利用经费可以改造场馆，如更新设备，完善硬件设施。

学校组织比赛，对各支专业队也大有裨益。首先，学校里训练场、比赛场很多，比赛队伍不用在城市间来回折腾；其次，一些替补队员没有比赛可打，就可以去体操房、举重房、游泳馆、田径场训练，不耽误个人训练进度。所以在学校办比赛是非常有利的。

其他学校非常羡慕武汉体育学院能够承接这么多赛事，有篮球的、游泳的、排球的、田径的、足球的、摔跤的，等等。20世纪90年代武汉体育学院一下子活跃起来，我们变得有底气。可以说，我尝试的改革把武汉体育学院搞活了。

我们在训练方面出了不少人才，也出了成绩。1979年和1982年，武汉体育学院女篮两次夺得全国体院篮球比赛冠军（图3），是我亲自带的队伍。20世纪90年代武汉体育学院成绩上有进步，科研上有成果，人才培养上有新思路，各个领域的水平都有所提升，真的是齐头并进，全面开花。在评审全国篮球重点专业的时候，武汉体育学院是唯一的一个，也是第一个全国篮球重点专业建设单位，我们感觉非常骄傲。每年篮球专业招收的运动员都有五六十人，这个数量还是非常庞大的。

我是武汉体育学院篮球专业的学术带头人，也是教授，因此，武汉体育学院的篮球专业在全国的影响力比较大。各个学校经常到武汉体育学院来取经。我思考着，如果能把篮球界的学者、专家经常聚在一起共谋发展良策，一定能极大地促进篮球专业水平的提升。所以在机缘巧合之下，我提议成立一个"中国篮球培养研究生协会"。这一提议一经提出，就得到各院校的支持。

图 3   1979 年武汉体育学院女篮获全国体院篮球比赛冠军
（前排中间者为钟添发）

　　1986 年，中国篮球培养研究生协会正式成立。我任协会理事长，李震中先生任名誉理事长，其他各个院校，包括沈阳体育学院、成都体育学院、西安体育学院等，每所学校都出一名副理事长。协会在成立后扎扎实实做了大量工作，怎么培养研究生，怎么写论文，甚至连评审标准、论文答辩标准都是协会研究出来的。专家们每年都齐聚武汉体育学院开会。因为我们学校被授予篮球重点专业建设单位，所以其他的体育院校篮球专业授予硕士研究生学历，都要在武汉体育学院这边申请、颁发学位证书。篮球重点专业的建设是成功的，影响力是巨大的。

六、我的篮球"三部曲"

我的篮球"三部曲"指我参与撰写的有关中国篮球运动发展历史的三本书籍。起初是因为在学校教学时间久了，我越来越觉得当时的专业资料单薄，于是就萌生了自己写书的想法，内容主要是关于中国篮球运动发展的历史。我邀请教研室的文福祥老师当我的助手，又请了吉林大学的一名体育老师李辅才，1986 年我们 3 个人开始收集材料。我们去南京、上海、天津、北京的图书馆查资料，查过去的关于篮球的资料，逐字逐句抄写一份，回来后再研究。就这样，收集资料花费了我们一年时间；列提纲，分工写作，又是一年；第三年征求意见，修改完善。1991 年，武汉出版社出版了《中国篮球运动史》（图 4），这是我人生当中的第一本篮球历史文献，也是我的篮球"第一部曲"。

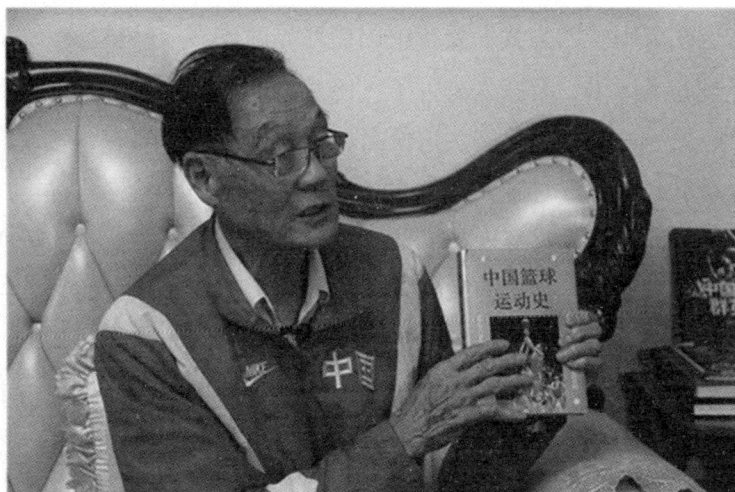

图 4 钟添发主编的《中国篮球运动史》

为了出版这本书，我们学校资助了两万元。除了销售的书，剩下一部分书我给了国家体委二司篮球处，篮球处将书放进了仓库。后来我到二司工作偶然看到，就拿出一万元买断了这些书。我把所有书拿到我在北京的住处，都保存了下来，准备以后赠送给中国篮球博物馆。因为这些书已经绝版了，非常珍贵。

我的篮球"第二部曲"是《篮球大辞典》，《篮球大辞典》主要是关于篮球的各种术语的解释。因为在教学训练过程中老师们对术语的解释不统一、不清晰，甚至还有错误，所以我接下了编写"中国体育辞书系列篮球辞典"的任务。这本书也经过了三次修改。第一次是我们到湖北红安去集中研究书的词条目录、分工和编写计划。第二次是我们在襄樊集中讨论词条的凡例和增加的内容。第三次是 1989 年我们在武汉体育学院集中编审。最终，人民体育出版社出版了《篮球大辞典》。

退休以后，我出版了第三本中国篮球历史文献，这也是我的篮球"第三部曲"——《中国篮坛群英录》。但是这次我遇到了前所未有的困难，工作异常艰辛。从 2003 年开始，这本书花了五年时间才问世。为什么这么久呢？因为我们要找中国篮球界的许多运动员、教练员和官员。有些人出国了，有些人去世了，但是出现在名单里的人，是都要讲到的，必须一一联系、核实。这份名单是有标准的：第一，列入其中的篮球运动员必须是拿过亚洲冠军的主力队员，不包含替补队员；第二，世界男篮的前八名、世界女篮的前三名可以列入；第三，教练员所培养运动员的数量要满足一定要求。这样细数下来，初步确定的名单一共有320 人。

我在收集整理材料时遇到的困难很多，过程也很繁琐，耗费了不少心血和精力。有些人在加拿大，有些人在美国，我只能在家里打长途电话与对方联系，让他们把材料寄过来。对已故去的人，我想办法找到其家属，请家属把材料邮寄过来。对没有留存资料的人，我翻阅报纸找他们过去比赛的信息，作为内容补充。大部分运动员是把材料交给我，我来替他们总结。连着几个春节我都没有休息，在电脑上一点点整理材料。前前后后，我用了整整五年时间。我是真的热爱体育，热爱篮球，这种发自内心的精神力量支撑着我坚持了下来。

最终我不负众望，《中国篮坛群英录》出版了。这本书在印刷时还费了一番周折。由于经费问题，人民体育出版社只能出黑白版。我绞尽脑汁，自己想办法，费大劲拉到了赞助费，最终如愿出版了彩色版《中国篮坛群英录》。

就这样，我完成了三本中国篮球历史文献的撰写工作。我觉得很骄傲，这三本书是我亲自完成的。别人称赞我，说我是篮球理论的鼻祖。

七、我与奥运会的故事

我对奥运会有着深厚的感情。我有幸能够以不同身份三次参与奥运会，这是我人生中难忘的记忆。过往的画面历历在目，这样的回忆是十分美好和幸福的。

第一次我是以中国体育代表团官员的身份参加。

第二次我以中国男篮领队的身份，参加了1996年亚特兰大奥运会（图5）。二十几年过去，我仍记忆犹新。这也是我到二司后，除了拿金牌，在个人篮球生涯中终生难忘的一件事。每个队一般都有固定的领队，如胡士琳长期任中国女篮领队，李金生是原中国男篮领队。而这届奥运会上，我是国家体育总局第26届亚特兰大奥运会副秘书长、代表团的副秘兼领队，也是中国男篮领队。

当年备战亚特兰大奥运会，大家都不看好中国男篮，更看好中国女篮。因为中国女篮在前几年战绩很辉煌，所以大家都寄希望在女篮项目上。我个人对中国男篮是抱有一点希望的，跟国外男篮队员相比，我们队员的身高不低，速度也不慢，外围投篮也有得分点。

图 5　第 26 届亚特兰大奥运会篮球小组赛上中国队与美国队的比赛现场

（左一为钟添发）

当年是宫鲁鸣跟陈德清两人任中国男篮教练。陈德清是上海人，宫鲁鸣是江苏人。两人的训练要求很严格，训练作风非常好，但是有些队员不适应，受不了。1995 年开始，中国男篮备战了一年，1996 年 8 月就参加比赛了。1996 年初篮球处给我写报告，提出更换男篮主教练。我自己也是从教练员过来的，很理解教练员的想法。临近比赛换教练，是所有比赛的大忌。我没同意，继续重用宫鲁鸣，让他放下包袱训练，加紧备战奥运会。当时的国家体委副主任袁伟民，还有其他两位主管业务的主任也不同意换。我鼓励当时的教练组，要争气。

我有空就下队看训练，花很多时间在队里，跟运动员、教练员都很熟。出发去美国前，我去动员，鼓舞士气。我对中国男篮抱有很大的希望，目标是争取进前十，只要打赢一个对手中国男篮就进前十了。赛前我分析所在小组的情况，非洲的安哥拉队一定要打赢，如果想进前八的话，还要打赢美洲的阿根廷队。阿根廷队是强队，人家不会很重视我们，我们就抱着一种必胜的信心，追求胜利，打它一个下马威。

从实际情况来看，我们猜中了。阿根廷队对中国队不太重视，而我们拼尽全力。赛前，我紧张得睡不着觉。比赛开始后我也很紧张，更不用说教练了。这场球队员们真的很卖力，最后比分为 87：77，我们获胜，队员们高兴得不得了。中国男篮创造了历史，首次打进前八。

第三次我以奥运会火炬手的身份参与奥运会。2008 年北京奥运会时，我 70 岁了。国家体育总局要推荐一个老干部当奥运会火炬手，大家投票后推选了我。我得知消息后很激动，流下了热泪。我退休十年了，国家体育总局没有忘记我，还记得我，这也充分肯定了我过去的工作成绩。我心存感激。

我手举火炬，激动得很（哽咽），我想了很多，曾经的付出都得了回报，我是幸运的（再次哽咽）。我是在最后一天，也就是 2008 年 8 月 8 日把火炬交接完的。我认为这是国家体育总局对我工作的肯定。我相约我的一个学生，他是 2004 年雅典奥运会的火炬手，我俩写了一份赠与函，一起把火炬赠送给武汉体育学院留作纪念。这是对我们，也是对大家的一次爱国主义教育，是我们的荣光。能亲身经历三次奥运会是对我人生的肯定。我没有辜负党和国家对我的培养。

高才兴的篮球故事

高才兴

　　高才兴，男，1941年2月24日出生于江苏省常州市。1959年起从事篮球裁判工作，1962年被批准为篮球国家级裁判员，1978年被国际篮联批准为篮球国际级裁判员。执裁生涯中共担任300多场国际比赛和2000余场国内比赛的裁判工作。曾先后担任八一男篮、广州军区和南京军区篮球队教练，被授予大校军衔。多次任篮球国家级裁判员考试考官，三次被国家体委评为全国优秀裁判员。曾任中国篮协竞赛裁判委员会副主任、南京市篮球协会顾问、CBA监评组成员和军校体育教材审编委员。1999年获"新中国篮球运动杰出贡献奖"。

高才兴（左二）与访谈人员合影

访谈时间：2021年1月7日

访谈地点：南京·高才兴家中

受 访 者：高才兴

访 谈 者：孟　滢

撰 稿 人：孟　滢

访谈助理：李晓玉

一、我与天津的不解之缘

篮球起源于美国，1895 年传入中国天津。天津人是中国最早了解篮球运动的，天津对推广和发展中国篮球运动起到了巨大的无可替代的作用。

天津我去过四次。第一次是在 20 世纪 70 年代后期，国家体委在天津举办了一次中国男篮六强比赛。国家队、国家二队、八一队、北京队、天津队等球队参加了这次比赛，当时天津队在全国是一支强队。

第二次是 1995 年，天津举办纪念篮球传入中国 100 周年活动。我住在天津体院（天津体育学院），结识了一大批篮球界和大学的专家和老师。我是作为武汉体育学院的客座教授去参加活动的，当时武汉体育学院的院长是钟添发，他聘请了 5 名篮球客座教授，分别是张长禄、杨伯镛、刘贵乙、田国庭和我，大家定期到学校给学生们讲课。我讲课的时候，大教室台阶上都坐满了人，我讲篮球规则和裁判法。

第三次是我退休后，去天津担任"葛沽杯"第三届全国小城镇篮球邀请赛技术代表。我到天津和一些国际裁判见了面，非常高兴。

第四次是去在天津塘沽举办的全国篮球分区赛担任裁判长。

2020 年 12 月 23 日，我在网上看到一个喜讯，一个让广大篮球球迷高兴的消息。12 月 21 日，在国际篮球日到来之际，中国篮球博物馆筹备工作在天津启动。时任天津市体育局局长的李克敏同志在新闻发布会上提到，建设中国篮球博物馆是天津坚定文化自信、打造体育强市的重要举措，中国篮球博物馆将成为推广体育文化和加强爱国主义教育的重要阵地。

在我六十多年的篮球运动和篮球裁判工作中，我深深地感受到天津人为中国的篮球运动做出了重大贡献。其中有中国篮协和国际篮联中央执行局的领导张长禄先生，中国篮协副主席李世华先生，中国篮协副主席、多才多艺的前国家队教练白金申先生（图1）。我还认识一位中国篮球界的资深裁判员姚恩汉先生。最后一次见他是在"文化大革命"后期，当时我在国家体委参加篮球裁判集训，我去国家体委食堂吃饭的时候，发现他一个人呆呆地坐在国家体委对面体育馆的台阶上。我说："姚先生，你干啥呢？"他说："你是谁？"我说："高才兴。"他说，"哦，小高啊，我下午看球。"我心想，他中午就等着下午看球，这足以说明一个老篮球人对篮球的热爱。我请他在国家体委食堂吃了午饭，下午陪他观看了比赛。姚恩汉先生是南开"篮球五虎"之一，中国篮球的老前辈。天津的老一代人对篮球这么执着，这是我们年轻人少有的。

图1 1981年高才兴（左一）与白金申合影

在裁判界，我的老师郭玉佩是天津人，是我国第一批篮球国际级裁判员之一。天津市体委竞赛处处长张雨生也是我们第一批去罗马尼亚参加篮球国际级裁判员考试的8个人之一。当时的8个人有解放军的郭玉佩、孙尧冠、高才兴，北京的罗景荣，天津的张雨生，上海的吴惠良，江西的田国庭，以及时任国家体委篮球处处长的申恩禄。申恩禄作为领队带队前往罗马尼亚，他没有参加考试。天津有很多人才，他们对推动中国篮球的发展和提高都起到不可替代的作用。

二、荣获国家级称号

1941 年 2 月 24 日，我出生在江苏常州的乡下，在常州的青龙桥小学上学。父亲因为给新四军买药送药被国民党追捕，躲到江北泰州，那时候泰州已被新四军管辖。后来我母亲带着我和弟弟妹妹坐了个小船，也从常州到了泰州。我小时候爱动，喜欢打乒乓球、游泳，到了初中以后打小皮球、游泳。记得有次我在河里游泳差点淹死，当时河中间插了好多柱子，意思是警告人们不要过去。我那会儿很小，游不动了，就抱着那个柱子，柱子上面都是青苔，一抱就会滑下来，我抱着柱子上下滑了很多次，最后一次竟抱住休息了一会儿，有了力气才游到岸边。回家后我父亲知道了，便不准我出去。

1956 年暑期，我代表安徽省到青岛参加全国第一届少年体育运动大会。我的 200 米跨栏成绩排全国第四名，第四名的成绩现在看来不算什么，但当时我被调到安徽省田径队集训。田径队解散后我被调到青少年排球队集训，冬训时我受伤了，腿骨折了。当时我只有 17 岁，就在安徽省游泳馆里养伤。伤好后我被调到当时的体干班，即现在的体工队教务科工作。这期间正逢安徽省组织全省农民篮球比赛，一位叫孙海涛的老体育工作者说："小高，你在这干啥？我带你吹裁判去。"我说："吹什么裁判？"他说："农民篮球比赛。"我说好。吹了第一场裁判以后，孙老师说我这个裁判吹得不错，敢吹。我被批准为三级裁判。

1958 年担任农民篮球比赛裁判后，我觉得吹裁判挺有意思的，于是凡是有篮球的比赛我都会主动去做裁判。1960 年我被安徽省批准为篮球国家一级裁判员。按照当时的规定，只有篮球国家一级裁判员才有执裁全国性篮球比赛的资格。

1960年秋，安徽省体委让我去做全国篮球联赛长春赛区的裁判员，这是我第一次参加全国性篮球比赛工作。非常有幸我遇上了郭玉佩老师。他是长春赛区的裁判长，他亲自带着我吹裁判，给我讲规则、讲裁判法。他说："要敢吹，在敢吹中力求准确，有吹哨的数量，才会有吹哨的质量。"他对别的裁判员说："小高是共青团员，应该培养。"在他的指点下，我进步很快。

以后几年，在国家体委球类项目领导的培养下，我担任了1964年全国男篮甲级联赛冠亚军决赛的临场裁判。我凭借大胆管理、准确判罚在篮球界也小有名气了。

安徽省体委肯定了我的进步，1962年为我申报了篮球国家级裁判员。国家体委篮球处为了培养和鼓励我，提前批准我为篮球国家级裁判员。因为按照条例规定，篮球国家级裁判员必须是满5年的篮球国家一级裁判员，而我当时不满5年。

1962年6月10日，我正式获得篮球国家级裁判员称号，这是安徽省体育项目第一个篮球国家级裁判员（图2）。

当时我在安徽省体委工作，由于我是篮球国家级裁判员，安徽省体委承办的全国性、全省性篮球、排球、乒乓球、田径的比赛，都由我来具体组织。1962年和1963年冬训，我曾被调入安徽女篮协助主教练工作，冬训以后又回到体委机关上班。1963—1965年，我经常被邀请担任安徽省广播电台篮球、排球比赛的现场解说员，与安徽女篮联系密切。

我被培养，被重用。1961年4月，我被安徽省派去参加第26届世界乒乓球锦标赛的裁判员培训班，不仅学会了如何做乒乓球裁判，还学会了如何编排乒乓球比赛，乒乓球比赛的编排工作是所有体育比赛项目的编排基础。

图2　高才兴的篮球国家级裁判员证书及胸徽

我执裁排球比赛的水平也不错，因为我练过排球。1959年第一届全运会，我被派去北京参加排球裁判员培训班，参加排球决赛的裁判工作。虽然这次的培训班课程不多，但是我学习到了很多知识，提高了水平。

我经历过很多体育项目的裁判工作，相比之下，我更喜欢篮球裁判工作，篮球裁判更适合我。

三、"八大金刚"赴罗马尼亚赶考篮球国际级裁判员

20世纪70年代，国际形势发生了很大变化，中国的国际地位日益提高。国际奥委会、国际篮联领导人纷纷访华。

1974 年 7 月，国际篮联在波多黎各召开了中央执行局会议，会议决定恢复中国篮协在国际篮联的合法席位。

1975 年 5 月，国际篮联秘书长访问我国，接着亚篮联①在曼谷举办第 8 届委员大会，通过亚篮联执委会做出了"关于确认中华人民共和国在亚篮联的合法席位"的决定。

1976 年国际篮联举办第 10 届代表大会，中国篮协秘书长张长禄被选为国际篮联中央执行局执委，中国篮协副秘书长申恩禄被选为国际篮联财务委会委员。"两禄"的入选，使中国篮协在国际篮联中有了发言权。次年，亚篮联选举中国篮协主席作为亚篮联第一副会长。

1978 年 4 月，国际篮联秘书长和意大利国际裁判访问我国，实地考察了中国裁判员的现状。

1978 年 5 月底至 6 月初，中国篮协派出了以申恩禄为领队，屠铭德（后担任中国奥委会秘书长）为翻译的中国优秀篮球裁判员队伍赴罗马尼亚布加勒斯特参加国际篮联举办的国际篮球裁判员培训班，通过考核，除领队和翻译外，7 名成员均被评为篮球国际级裁判员。他们是解放军的郭玉佩、孙尧冠、高才兴，北京的罗景荣，上海的吴惠良，天津的张雨生，江西的田国庭。他们是中国开始走向世界的首批篮球国际级裁判员。

中国篮球裁判的水平得到了国际篮联的肯定，1978 年下半年和 1979 年，经过考核，国际篮联又批准了一批篮球国际级裁判员。按批准时间先后，他们分别是林永禄（山东）、周兴国（广东）、韩茂富（北京）、王长安（上海）。上述人员中绝大多数人后来被聘请为中国篮协竞赛裁判委员会副主任。

---

① 亚篮联，全称为亚洲篮球联合会。

我的篮球国际级裁判员证书号是 NO. 1033（图3）。证书上有国际篮联领导人的签名，表示我已参加了国际篮联举办的比赛。国际篮联规定，现役篮球国际级裁判员执裁年龄最大是 50 岁。1990 年我正好 50岁，1992 年我被批准为"荣誉篮球国际级裁判员"，并颁发了荣誉证书（图3）。当然，不是所有的篮球国际级裁判员在 50 岁以后都能拿到荣誉证书。

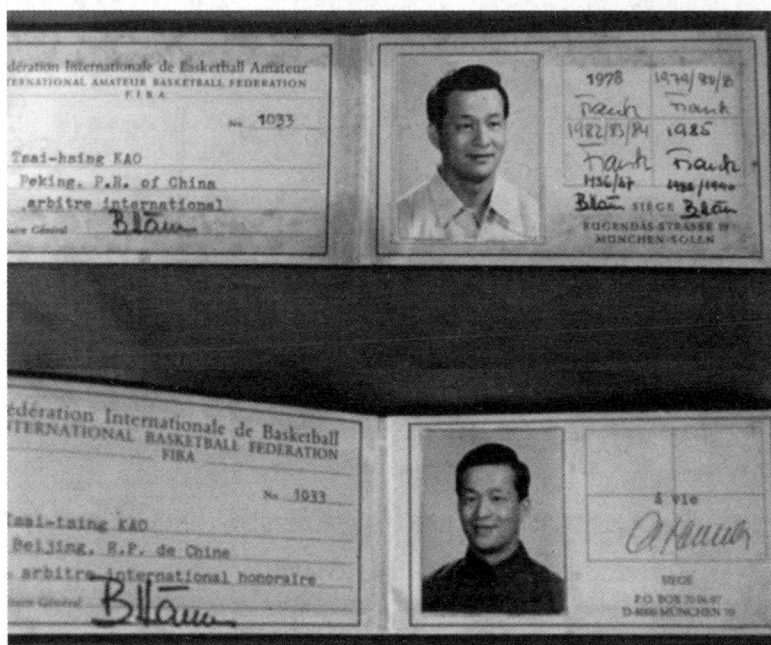

图3　高才兴篮球国际级裁判员证书（上）和
荣誉篮球国际级裁判员证书（下）

在我国的篮球裁判界，至今仍流传着"八大金刚"的传说，何谓"八大金刚"？谁是"八大金刚"？官方一直没有一个明确的说法。

2019 年，中国篮协为中华人民共和国第一批篮球国际级裁判员和当时的领队兼裁判员申恩禄颁奖。这八位裁判员分别是郭玉佩、孙尧冠、高才兴、罗景荣、吴惠良、张雨生、田国庭、申恩禄（时任国家体委篮球处处长，作为领队，未申报篮球国际级裁判员）。

　　韩茂富、王长安这些老裁判员，他们被批准为篮球国际级裁判员时因超龄而不再担任临场裁判了。所以我认为中国篮球裁判界传说的"八大金刚"，是上面的 8 位裁判员（图 4）。

图 4　"八大金刚"和屠铭德合影（从左至右依次为：田国庭、高才兴、吴惠良、张雨生、申恩禄、郭玉佩、屠铭德①、罗景荣、孙尧冠）

到今天为止，"八大金刚"只剩下郭玉佩老师和我了。

---

　　①　屠铭德，1978 年，中国篮球裁判员赴罗马尼亚布加勒斯特参加国际篮球裁判员培训，屠铭德作为翻译同行。

四、进入改革开放新时代——我准备好了

时代给了我机会，不是所有人都像我这么幸运。

1977 年我被特批服役，进入解放军广州军区体工队男篮担任教练。我以一名军人的标准严格要求自己，光荣加入中国共产党，还立了三等功。1978 年我荣获篮球国际级裁判员称号，1978 年任八一体工大队男篮教练员，参加教练组，我的主要工作有三项：一是从篮球规则的角度，向教练员介绍规则和规则的运用；向运动员讲解如何利用规则，进行合理对抗，避免犯规。二是比赛期间，我常被国家体委调去担任裁判员、裁判长、技术代表或比赛监督。三是接受国家体委安排的任务，培养全国篮球裁判或体育生。

业余时间我编写了《篮球竞赛裁判法》（图 5），以中国篮协的名义出版，该书连续再版三次。我还参编了篮球方面的教材，这些都是我乐意做的。

图 5　高才兴编写的《篮球竞赛裁判法》

五、第二届全运会高唱"裁判员之歌"

1958 年至 2018 年的六十年间，我参加了国内很多篮球比赛的裁判工作。我还筹建了南京军区黄山篮球俱乐部，并担任秘书长，曾被聘请担任山西男子篮球俱乐部总经理。我担任过第一届至第十届全运会中 9 届的篮球比赛裁判，其中第八届没有参加。给我印象最深刻的是 1965 年第二届全运会。第二届全运会的篮球比赛分预赛、决赛两个阶段。我收到担任第二届全运会篮球竞赛委员会委员的聘书（图 6），被指派担任哈尔滨预赛赛区裁判长和北京决赛阶段的副裁判长。当年 23 岁的我被任命这样的职位，是前所未有的。

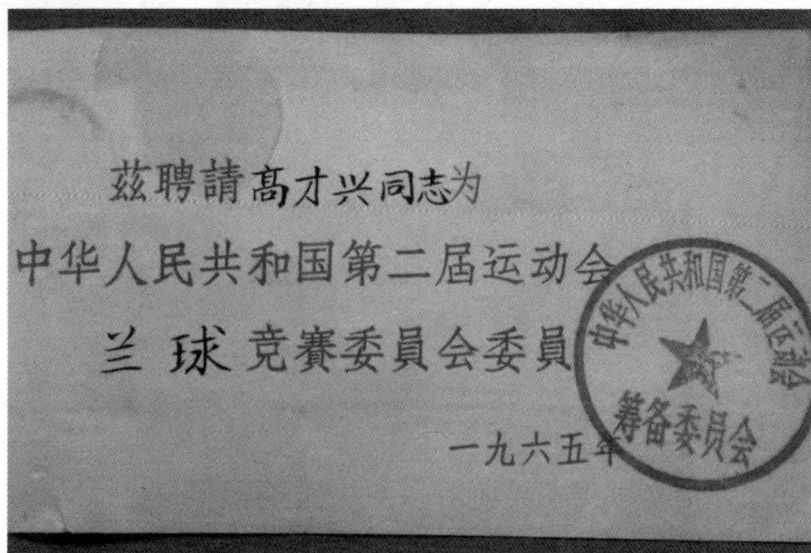

图 6 1965 年第二届全运会篮球竞赛委员会委员的聘书

哈尔滨的两位副裁判长都年长于我，他们是王长安老师和刘程衔老师。王长安的吹哨曾被称为"全国第一哨"。

1965 年 9 月，第二届全运会篮球比赛的决赛在北京举行。裁判长是解放军的郭玉佩，三个副裁判长分别是北京的龚培山教授、上海的叶鑫泉和我。篮球裁判界的同行调侃我是"第三世界"的代表。当时国内篮球水平最高的解放军队被称为"第一世界"，北京、上海、四川的篮球水平被称为"第二世界"，我是来自安徽的副裁判长，被认为是篮球"第三世界"的代表。在全运会的裁判员队伍中，我年龄最小，老师们喊我"小高"，一直到今天还有人喊我"小高"。

第二届全运会期间，篮球裁判员走进会议室都高唱"裁判员之歌"，提出"为革命吹哨，攀登世界高峰"。但不知道从何时开始，全运会奖金逐年提高，裁判员吹一场比赛的薪资标准逐年提高。全运会、CBA 中出现了一些违法违纪现象。对此，中国篮协的领导在会议上提出了关于"不忘初心"的两个问题：篮球裁判的初心是什么？篮球裁判的使命责任是什么？我在想，50 多年前，我当篮球裁判时唱的"裁判员之歌"，告诉我们为革命吹哨，吹出高水平。这是我"吹裁判"的初心，可今天很多人都忘了。"裁判员之歌"是郭玉佩老师编词创作的。

六、国际比赛中的几件事

1978 年获批篮球国际级裁判员以来，我担任了很多篮球国际比赛的裁判工作。参加国际比赛时发生的事情不少，这里说几件印象深刻的。

印象深刻的事件一：卡斯特罗停下脚步让我拍照。1984 年，第 23 届夏季奥运会女篮预选赛在古巴举行，除了美国女篮，其他女篮强队都参加了这次预选赛。因为美国女篮是上届奥运会冠军，可以直接参加第

23届夏季奥运会。女篮预选赛的冠军之战是在中国队和古巴队之间进行的。中国队战胜古巴队获得了第一名。古巴最高领导人卡斯特罗亲自到场观看了比赛。卡斯特罗进场时，三名1.9米左右的高大保镖护送他朝主席台方向走去，走到球员席时，全场起立，一片欢呼。众多记者涌向他拍照，我有场内通行证（裁判证），也跑上去拍照。让我感到惊讶的是，卡斯特罗看到我时，突然停下约2秒钟，随后才向前走去，这2秒钟让我拍到了珍贵的照片。

在这次预选赛中，我成了各国临场裁判员的保管员。他们在进入赛前裁判员休息室时，都会把随身带来的小包交给我保管，里面装的是护照、钱币等。等比赛结束，我再把小包还给他们，他们连说："谢谢高先生！"这些小事说明了这些外国裁判员对中国人的信任。在国外，做个中国人挺自豪的。

印象深刻的事件二：吹开幕式比赛临时"抱佛脚"。1986年，我随中国女篮去莫斯科参加第10届世界女篮锦标赛。赛前召开了领队、教练员、裁判员联席会议。会议通知各队成员和裁判员，本届比赛将首次实行3人制裁判法。这对中国裁判员来说是一次挑战，因为中国还没有执行3人制裁判法，我得尽快学习和熟悉3人制裁判法。会议当天下午，球队所有成员和裁判员乘车前往明斯克住下。第二天上午比赛开始，开幕式放在晚上。我接到通知让我担任晚上开幕式上苏联队与保加利亚队比赛的临场裁判员（图7）。因此，我早早赶到比赛场地，观看上午、下午的比赛，尤其注意三名裁判员如何站位、跑位，如何配合、做手势。中饭和晚饭我都是在体育馆买面包充饥。比赛结束后，我询问其他两位裁判对我执裁工作的意见，他们说："你尺度掌握得不错，只是吹法存在问题（指方法有点老式）。"我总算利用3人制裁判法完成了任务。决赛安排在莫斯科进行，我担任了第三和第四名次的临场裁判员，这说明国际篮联技术委员会对我的工作是肯定的。

回国后，我在中国篮协和翻译人员的帮助下，编译了中国版的

《篮球 3 人制裁判法》《篮球裁判员手册》《裁判方法和技巧》。经中国篮协裁判委员会批准，1986 年 11 月 13 日，这几本书在武汉出版并在全国发行。虽然没有稿费，但是我非常高兴，因为我为中国篮球事业又贡献了一份力量，我获得了实现自我价值的成就感。

图 7　1986 年第 10 届世界女篮锦标赛苏联队与保加利亚队比赛现场

（前排左三为高才兴）

印象深刻事件三：第 34 届国际军体男篮锦标赛①，八一队被判输球，我拒绝执裁决赛。1987 年 8 月，我去叙利亚大马士革参加第 34 届国际军体男篮锦标赛裁判工作。八一队是一支强队，进入 1/4 决赛，对阵东道主叙利亚队。当比赛进入终场时，叙利亚队投球中篮，裁判员判其得分，双方打成平局，比赛进入决胜期。此时，八一队教练周春霖向

---

① 国际军体男篮锦标赛，全称为国际军事体育理事会男子篮球锦标赛，是由国际军事体育理事会主办的军队体育组织之间的世界性比赛，每年举行 1 届。

裁判员提出，叙利亚队员的投篮是在比赛时间终了时，此投中应判无效。正在交涉时裁判员竟宣布八一队拖延比赛超过一分钟，被判弃权告负，决胜期从跳球开始，叙利亚队的5名队员可进场跳球。结果叙利亚队获得球权，在没有防守的情况下将球投中，裁判员宣布比赛结束。叙利亚队获胜进入第二天的决赛。八一队提出申诉，裁判员不予理睬，八一队无奈退出球场。这在国际篮球史上也是少有的。第二天中午，我接到通知，技术委员会安排我担任当天晚上决赛的裁判。决赛在叙利亚队与希腊队之间进行，我当场以身体原因为由拒绝了技术委员会的安排，以示对裁判员误判八一队告负的态度。我的拒绝原因他们是清楚的，但是他们还是找了八一队的团长。随后团长通知我："大会找到了我，我看你还是去做吧。"我说："服从安排。"我提出希望八一队队员到球场观看比赛，团长同意了我的要求，安排领队张忠恕带队员到现场支持我。我非常认真地对待每一个球的宣判，力求每一个球都准确、清楚。比赛结束时，希腊队获得冠军，我很高兴完成了这场比赛的裁判任务，感谢八一队全体人员。

印象深刻事件四：第11届世界男篮锦标赛，阿根廷队和巴西队球员长相相似，我吹哨犯了难。世界男篮锦标赛是国际性篮球比赛，每四年举办一次。1950年，第1届世界男篮锦标赛在阿根廷首都布宜诺斯艾利斯举办。1990年，第11届世界男篮锦标赛又在这里举行。

1990年，我50岁，到了执裁国际比赛的最高年龄，因为有着30余年的裁判经历，我非常自信地踏上了世界男篮锦标赛的裁判之路。

比赛的第一天，开幕式后我被安排担任阿根廷队对巴西队的临场裁判。阿根廷队和巴西队都是世界篮球强队，阿根廷队曾获得过奥运会冠军。比赛在临时搭建的可容纳上万人的体育馆进行，场馆造型虽然美观，但仅有一般体育馆的设施，让人分不清东南西北。裁判带领两队进场后，意外情况出现了。两队球员的身材、肤色、体型、长相等特征几乎没有区别，仅是比赛服装颜色稍有区别，但是这对中国人来说都属浅色，且两队队服都没有中文标识。我一下就懵了，首先遇到的困难是分不清谁是阿根廷队，谁是巴西队。第一节跳球后，第一个队员获得球，我一下子分不清是阿根廷队获得球还是巴西队获得球。队员投中时，我第一反应也分不清是阿根廷队得分还是巴西队得分。特别是在争夺篮板球或投篮时发现犯规，我一下子分不清到底是哪个队的队员犯规。这导致我的宣判比较迟缓，比赛节奏被打乱。于是我一直在观察球队席方位，并通过球场上固定物件、出入口来快速确定球队的位置，我足足折腾了 5 分钟才缓过气来，随后，宣判和对比赛场上情况的处理速度才恢复正常。我认为一个优秀裁判员的水平是实践积累出来的，水平的高低同样不是以资历衡量的，而是实践沉淀出来的。这些是用金钱和时间换不来的。

七、献上回忆录《梦圆篮坛》，
庆祝中华人民共和国成立 70 周年

2019 年我荣获中国篮球改革开放 40 周年荣誉奖章。夜深人静时，我看着沉甸甸的奖杯，心田泛起阵阵涟漪。改革开放 40 余年，恍如隔世，往事涌上心头。那些亲身经历的篮球赛事与篮球裁判往事充满惊喜与快乐，也有数不清的烦恼和忧愁。我感激亲爱的中国共产党，感激伟大的祖国，感激我的部队。

我有近 3000 张照片、证件、实物等资料，心中突然有一个冲动的念头，就是把那些事整理出来。我选择了近 300 张照片和实物，用来反映我 60 余年篮球运动和裁判工作的情况，我想讲一讲其中的那些事。

一张照片、一个实物代表了一段时光。书写回忆录的过程中，我内心感慨万千。有几句话愿同大家分享。

"不是我有成绩才会感恩，而是因为感恩才有成绩。"

"一个人的成就不仅仅依靠自己的努力，他必须赶上一个好的时代，依靠好时代里好的领导者。"

"虽然'喜欢'是最好的老师，但是还必须遇到一个能够言传身教的老师。"

"我是中国人民解放军的一员，我认为一个人不当兵是遗憾的，军队是个大学校，可以培养人坚毅和勇敢的品质，以及不达目的不罢休的精神。"

"人无完人，缺憾也是一种美！"

我花了整整八个月的时间整理和编写回忆录。我给它起了我喜欢的书名——《梦圆篮坛》。功夫不负有心人，2019年9月，我终于完成了书稿，在中华人民共和国成立70周年的伟大时刻，将书献给我的祖国。那一年，我年近80，记忆力下降，在深夜，我想到素材就会爬起来拿笔记下，有时候能一直写到天亮。几天下来我心脏病犯了，住院半个月，医生要我做支架手术。我借老伴不同意签字之故，逃离病床。现在回想起来，仍觉值得。我做了自己喜欢的事，完成了心愿。

八、我的退休生活——心系篮球

在军队我本应55岁退休，但因筹备和管理篮球俱乐部的需要，我服从组织上的决定推迟退休，再干几年，直到1999年才正式退休。退休后我拟定了一个退休计划，可是总感觉缺少些什么，心里不踏实。细细想来，原来缺少的是一个皮革制成的篮球。

2007年，江苏宇光篮球俱乐部（下文简称宇光篮球俱乐部）新年聚会。在他们的盛情邀请下，我加入了宇光篮球俱乐部。加入宇光篮球俱乐部让我有一种回家的感觉。宇光篮球俱乐部董事长李春祥是一位篮球名宿，他原是中国篮球国家队队员，后出任江苏省体委副主任、江苏省篮球协会副主席、中国篮球协会副主席。副董事长是孟光国，原八一男篮队员，时任南京市体育馆馆长。韩玉林是宇光篮球俱乐部主任，运动员出身，任过教练，时任南京市老年俱乐部主任。

宇光篮球俱乐部是一个非营利性的体育社会组织，我是宇光篮球俱乐部的教练员。宇光篮球俱乐部中有运动健将、高级教练以及来自江苏省和南京军区的篮球高手，队员各有特色，合成了一支团结和谐的球队，取得了江苏省老年篮球比赛的冠军。

我还应安徽省滁州市篮球协会的邀请，参与了新农村的农民篮球活动。

青少年篮球活动的开展情况也是我十分关心的。南京市高淳区（原高淳县）有个篮球人叫施业强，出生在乡村，家境贫寒，身高 1.85 米的他被选入县供电局篮球队，成为一名正式职工。他感激政府，感激篮球。1978 年改革开放后，他下海经商，利用一次机会做起了房地产，他有了一定的物质积累，组织成年人打球锻炼身体。施业强现在在高淳开发区工作，他享受工作和篮球，在高淳区有点小名气。高淳区的篮球活动很丰富，篮球成为高淳区第一大体育运动。

2014 年他自掏腰包投入 500 万元，建成了一个简易的能容纳几百个观众的体育场馆，成立了"高淳希望之星篮球训练营"，并在暑假举办青少年篮球培训班，培训班不收费，学员可免费进行训练。我被他在篮球事业上的付出深深感动。我接受了他的聘请，担任青少年训练基地的顾问。2016 年，我在高淳区"和源杯"男子篮球赛上担任裁判（图8）。2018 年我邀请解放军八一女篮去高淳区为青少年篮球队进行指导和训练，当时刘玉栋任领队，马跃南任主教练。原武汉体育学院院长、中国篮协副主席钟添发教授和时任江苏省篮球协会常务副主任张世林，专门去考察过高淳区开展篮球运动的情况，他们高度肯定施业强对篮球运动的无私付出。

图8　2016年高淳区"和源杯"男子篮球赛执裁现场（中间为高才兴）

　　退休后，我在 CBA 的裁判工作仍在延续。2008 年，我和王锦明、夏元通、田国庭被聘请成立了联赛监评组，负责整个联赛所有裁判的评判工作。这项工作不比场上执裁轻松，需要评判 CBA 裁判的执法公正性。联赛监评组的工作量非常大，除了看大量的比赛录像，我们每周都要将问题做成视频，放到中国篮协官方网站上供全国裁判下载学习，还要将媒体的意见反馈给联赛办公室，并对篮球国际级裁判员进行打分评估。我还经常到地方给裁判员开展辅导工作，此外，我还被聘任为 CUBA 顾问，为大学篮球裁判员讲课。65 岁时，我被中国篮协聘请为裁委会顾问。在整个裁判生涯中，我将全部的热爱和精力奉献给了中国篮球事业。